100문장으로 읽는 데일 카네기 『자기관리론』

100문장으로 읽는

데일카네기
자기관리론

데일카네기 지음
콘텐츠랩 엮음

**걱정의 90%를
단박에 없애줄 마법의 공식**
세계 위인 명언으로 배우는
데일카네기 가르침

책을 열며

새로운 콘셉트로 탄생한 명품 자기계발서

데일 카네기가 쓴 『자기관리론』과 『인간관계론』은 세계적인 베스트셀러다. 우리나라에서도 이미 수많은 독자들을 확보해 자기계발서 분야의 명작으로 손꼽힌다. 하지만 두 책 모두 1930년대에 처음 만들어지다 보니 지금의 독자들이 읽기에는 시대 상황에 맞지 않는 내용이 적지 않은 것이 현실이다. 예를 들어 사회생활 측면에서 지나친 상하 관계 묘사나, 가정 내 남편과 아내의 성차별적 표현, 미국 중심의 역사관 등이 그렇다.

그렇다면 데일 카네기의 『자기관리론』과 『인간관계론』을 고리타분한 옛날식 사고방식이라며 멀리해야 하나?

아니다, 그렇게 하기에는 두 책에 담긴 삶과 생활의 지혜가 너무나 훌륭하다. 비록 표현 방식은 오늘날과 맞지 않을지언정 그 안에 담긴 참뜻은 시대를 초월해 우리에게 시사하는 바가 크다. 그래서 바로 그와 같은 이유로 이 책을 기획하게 되었다. 우선 『자기관리론』과 『인간관계론』 두 권의 도서를 늘 분주하게 살아가는 현대인들이 독서하기 수월하게 100가지 주제로 선별해 정리했다. 모두 원작에 나오는 명문장들을 위주로 가려 뽑았다. 그 다음에는 시대에 어울리지 않는 표현과 설명을 깔끔하게 윤문해 누구나 읽기 부담 없는 새로운 콘셉트의 책으로 탄생시켰다.

이번에 펴내는 『100문장으로 읽는 데일 카네기 자기관리론』과 『100문장으로 읽는 데일 카네기 인간관계론』은 원작에 담긴 내용의 모든 엑기스를 망라했다. 내용은 훨씬 간단명료하게 정리했으되 그 안에 깃든 교훈은 그대로 살아 있다는 뜻이다. 다시 말해, 원래 데일 카네기가 독자들에게 전하려고 했던 핵심을 더욱 돋보이게 편집했다는 것이다. 따라서 새로운 모습으로 다가가는 두 권의 책을 통해 모든 독자들의 삶과 생활에 의미 있는 변화가 있으리라 기대한다.

콘텐츠랩

목차

데일 카네기(미국 자기계발 강연자 · 작가)

"어느 날, 내게 기적 같은 순간이 찾아왔다. 돌이켜보면 누구에게나 한 번쯤 찾아온다는 인생의 전환점이었다. 나는 대학에서 교육학을 전공한 특기를 살려 강연자의 삶을 살아보고 싶었다. 그리고 책도 써 보기로 했다. 나는 많은 사람들이 자신의 생각을 전달하는 데 어려움을 겪는다고 판단했다. 또한 자신감 없이 우물쭈물하다 제 발로 성공의 기회를 걷어차는 모습도 지켜보았다. 그래서 우선 그 내용을 주제로 강연을 시작했다."

데일카네기 가르침

걱정과 고민을 사라지게 하는 자기관리

나는 강의를 통해 수강생들을 격려하고, 그들의 문제를 해결하기 위해 함께 노력했다. 실제 사례를 들어 교육하면서 실천을 목표로 하는 나의 강의는 금세 큰 인기를 끌었다. 무엇보다 상대방에게 자신의 장점을 드러내며, 그 사람을 친구로 만드는 데 효과가 컸기 때문이다. 그러다 보니 기업체 영업 사원들까지 단체로 나를 찾아오는 일이 일어났다.

그동안 마지못해 했던 사회생활과 달리, 나는 대중 앞에서 강연하는 일에 완전히 만족했다. 그럼에도 거기에서 멈추지 않았다. 나는 사람들의 가장 큰 문제가 '걱정'과 '고민'인 것을 깨달았다. 큰 회사 경영자든 영업 사원이든, 또 가정에서 살림하는 주부든 걱정과 고민이 끊이지 않기는 마찬가지였다. 그래서 나는 오랜 시간 그 문제의 해결 방법을 찾아보았고, 한참 만에 내린 결론은 누구나 '자기 관리'가 필요하다는 것이었다.

폴 발레리(프랑스 시인 · 철학자)

"과학은 성공한 처방의 집대성이다."

방법을 아는 것보다
실천이 중요해

그동안 나는 여러 권의 자기계발서를 집필했다. 그 책들은 한마디로 '성공한 방법들의 집대성'이라고 할 수 있다. 나의 책들은 확실히 실용적이다. 철저히 사실에 기초한 내용을 썼다. 하지만 주의할 점이 한 가지 있다. 나의 책들에는 새로운 내용이 없다. 누구도 생각하지 못한 기적 같은 처방은 없다는 의미다. 그럼에도 나는 사람들이 생활 속에서 실제로 사용하지 않는 방법들은 어느 책보다 많이 제시했다고 자부한다.

우리는 인생을 성공적으로 살기 위한 방법을 알고 있다. 우리 모두는 이미 삶의 황금률을 이해하고 있다. 그러니 명심하라. 우리의 문제는 무지가 아니라 실천하지 않는 데 있다는 사실을. 그래서 나의 책들은 그와 같은 황금률을 다시 확인하고, 깨우치며, 그것을 행동으로 실천하게 하는 데 집중하고 있다. 다시 말해, 나는 성공한 처방을 집대성하는 데 머물지 말고 직접 실천하는 것이 무엇보다 중요하다고 믿는다는 뜻이다.

토머스 칼라일(영국 역사학자)

"우리는 멀리 희미하게 보이는 것을 쫓을 것이 아니라, 바로 앞에 명확하게 보이는 것을 실행해야 한다."

눈앞의 문제부터
하나씩 해결하라

한 젊은이가 책을 읽다가 자신의 인생에 중대한 영향을 끼칠 구절을 발견했다. 그는 당장 펜을 꺼내 그 문장에 밑줄을 그었다. 당시 캐나다 몬트리올종합병원의 의학도였던 청년은 앞날에 대한 걱정이 무척 많았다. 눈앞에 닥친 졸업 시험을 비롯해 훗날 어디에서 어떻게 개업할 것인지, 앞으로 인생을 어떻게 살아가야 할지 생각이 끊이지 않았다.

그런데 그 순간, 책에서 읽은 한 구절로 인해 그는 장차 유명한 의사로 성장할 수 있었다. 그는 존스홉킨스의과대학을 설립했으며, 영국에서 의료인에게 최고의 영예로 평가받는 옥스퍼드의과대학 교수가 되었다. 또한 그는 영국의 기사 작위를 받았고, 세상을 떠난 후에는 두 권 분량의 두툼한 전기가 출간되었다. 그는 다름 아닌 윌리엄 오슬러 경이다. 옆에 인용한 문장이 그가 1871년 봄에 읽었던 바로 그 구절로, 토머스 칼라일의 책에 나오는 내용이다. 그는 이 문장을 곱씹으며 여러 고민에서 벗어날 수 있었다.

윌리엄 오슬러(캐나다 출신 영국 의학자)

"인생이라는 바닷길을 안전하게 지나가려면 '오늘'의 항해에 충실해야 한다. 그 오늘과 오늘이 쌓여 인생이 되는 것이다. 어리석은 자를 죽음으로 이끄는 과거는 잊어버려라. 아직 오지 않은 미래를 걱정하느라 오늘을 낭비하며 스트레스 받는 어리석음에서 벗어나라. 그리고 지금 이 순간에 충실해라. 그것이 곧 안전하고 보람 있는 인생 항해가 될 것이다."

오늘 하루에
충실하라

윌리엄 오슬러 박사는 미국 예일대학교에서 학생들에게 연설하며 인용한 문장을 이야기했다. 그 연설은 지금도 많은 사람들의 기억 속에 남아 있을 정도로 훌륭했다. 그날 오슬러는 학생들에게 미래를 준비하지 말라고 이야기한 것일까? 그렇지 않다. 오슬러는 미래를 준비하는 최고의 방법이 바로 오늘의 일에 열중하는 것이라고 강조했을 뿐이다. 그는 그것이 내일을 준비하는 유일한 방법이라고 보았다.

그 연설에서 오슬러는 학생들에게 "오늘 우리에게 일용할 양식을 주십시오."라는 기도로 하루를 시작할 것을 주문했다. 그 기도는 단지 오늘의 양식만을 구하고 있다는 것을 기억해야 한다. 그 기도는 우리가 어제 먹은 딱딱한 빵을 불평하고 있는 것이 아니다. 또 내일 먹을 빵이나 가을에 수확할 밀을 지레 걱정하지 않는다. 오늘의 빵만이 우리가 먹을 수 있는 유일한 양식이기 때문이다.

『신약성서』마태복음 중에서

'내일 일을 위하여 염려하지 마라. 내일 일은 내일 염려할 것이요, 한 날의 괴로움은 그날로 족하니라.'

쓸데없는 걱정은
신경쇠약을 불러온다

많은 사람들이 "내일 일을 위하여 염려하지 마라." 라는 예수의 말을 제대로 이해하지 못했다. 그들은 예수의 가르침을 실현 불가능한 이상적인 충고, 동양의 신비주의에서 나온 허황한 말로 보고 선뜻 받아들이지 않았다. 대신 그들은 이렇게 이야기했다. "나는 미리 내일 일을 생각해야겠어. 가족을 위해 보험을 들고, 내 노년을 위해 저축도 해야지. 또 훗날 성공하려면 치밀하게 계획을 세우고 준비해야 돼."

맞는 말이다. 당연히 그렇게 해야 한다. 예수도 앞날을 주의 깊게 계획하고 준비하며 살아가는 삶에 반대하지 않았다. 다만 예수는 아직 오지 않은 내일을 걱정하지 말라고 이야기했을 뿐이다. 어쩌면 내일을 걱정하기 않기 위해 오늘의 계획과 준비가 필요한지도 모른다. 현명한 사고는 논리적이면서 건설적인 계획을 세우게 한다. 하지만 미련한 사고는 쓸데없는 걱정으로 긴장과 신경쇠약을 불러올 따름이다.

기독교 찬송가 중에서

"내 갈 길 멀고 밤은 깊은데 빛 되신 주 저 본향 집을 향해 가는 길 비추소서. 내 가는 길 다 알지 못하나 한 걸음씩 늘 인도하소서."

한 걸음씩 한 걸음씩 최선을 다하라

군 지휘관들은 내일을 계획하지 쓸데없는 걱정에 빠져 시간을 보낼 틈이 없다. 전쟁 중 미국 해군을 이끌었던 어니스트 킹 제독은 이렇게 말했다. "나는 병사들에게 가능한 최고의 무기를 제공했습니다. 그리고 가장 적절한 작전을 부여했지요. 그것이 내가 할 수 있는 전부였습니다. 만약 배가 침몰한다면, 내게 그것을 인양할 능력은 없었습니다. 그저 내일의 문제를 해결하기 위해 오늘 최선을 다했을 뿐이지요. 이미 지난 일이나 앞날에 얽매였다면 나는 아무 준비도 하지 못했을 것입니다."

「뉴욕 타임즈」 발행인 아더 슐츠버거도 킹 제독과 다르지 않았다. 그는 제2차 세계 대전이 유럽을 휩쓸자 미래가 걱정되어 잠을 잘 수 없었다. 그래서 한밤중에 깨어나 걱정을 떨쳐버리고자 거울을 보며 자화상을 그리고는 했다. 그때마다 그는 인용한 찬송가를 반복해서 불렀다. 특히 '한 걸음씩 늘 인도하소서.'라는 가사 덕분에 지나친 걱정을 떨칠 수 있었다고 고백했다.

로버트 스티븐슨(영국 소설가)

"아무리 힘들어도 밤이 올 때까지 누구든 자신의 짐을 질 수 있다. 아무리 힘들어도 해가 질 때까지 누구든 즐겁게, 참을성 있게, 순수하게 하루를 살 수 있다. 그것이 바로 진정한 인생이다."

바로 지금, 현재에 만족하자

요즘 정신병원에 입원한 환자 절반이 과거와 미래라는 무거운 짐에 짓눌려 정신적으로 문제가 있는 사람들이라고 한다. 그런 사람들이 "내일 일을 위하여 염려하지 마라."는 예수의 가르침과 "오늘 하루에 충실해라."라는 윌리엄 오슬러의 말을 따랐더라면 좀 더 행복하고 보람찬 인생을 살면서 즐겁게 거리를 활보했을 것이다.

우리는 지금 이 순간 과거와 미래가 만나는 어느 지점에 있다. 따라서 우리가 과거나 미래에 머물려고 했다가는 몸과 마음이 큰 혼란에 빠질 수밖에 없다. 그러니 이제부터라도 아침에 깨어나 잠자리에 들 때까지 인용한 문장을 머릿속에 되뇌며 우리가 살아가는 바로 지금, 현재에 만족하자. 삶이 우리에게 요구하는 것은 그것이 전부다. 현명한 자에게는 매일이 새로운 삶인 것을 명심하자. 오늘은 다시 새로운 인생이다.

호라티우스(고대 로마 시인)

'행복하리니 홀로 행복하리니. / 오늘을 자신의 것이라 말할 수 있는 사람 / 내면이 단단하여 이렇게 말하리. / '내일이 최악이라도, 나는 오늘을 살리라.'라고.'

인생은 지금
이 순간의 연속이다

옆에 인용한 시는 예수가 태어나기 30년 전에 호라티우스가 쓴 것이다. 인간 본성 중에 가장 비극적인 것이라면 제대로 된 삶을 뒤로 미루는 것이 아닐까? 우리는 저 멀리 지평선 너머 마법의 장미 정원을 꿈꾸면서도 정작 창 밖에 피어 있는 장미꽃은 쳐다보지 않는다. 우리는 왜 이렇게 어리석은 것일까?

캐나다 경제학자 스티븐 리콕도 비슷한 말을 했다.

"많은 사람들이 짧은 인생을 정말 어처구니없이 살아간다. 청년이 말한다. '나중에 내가 어른이 되면 이러저러한 일을 하겠다.'라고. 어른들도 다르지 않다. '내가 결혼하면…….'이라든가, '내가 은퇴하면…….' 같은 말을 습관처럼 내뱉는다. 하지만 결혼한다고 뭐가 달라지나? 훗날 은퇴하고 나면 이미 지나가버린 자신의 인생에 대해 푸념이나 하기 십상 아닌가? 그들은 곧 자신의 미래에 아무것도 변한 것이 없다는 사실을 실감하게 된다. 그제야 인생이 지금 이 순간의 연속임을 깨닫는다."

단테 알리기에리(이탈리아 시인)

"오늘이 결코 다시 시작되지 않음을 기억해라."

데일카네기 가르침

'오늘'은 우리가 가진
가장 소중한 재산이다

초속 19마일 정도의 빠른 속도로 지나가는 인생에서, '오늘'은 우리가 가진 가장 소중한 재산이다. 그런데 수많은 사람들이 오늘의 소중함을 잊고 지낸다. 프랑스의 위대한 철학자 미셸 몽테뉴도 그와 같은 실수를 범한 것을 스스로 고백했다. "내 삶이 끔찍한 불운으로 가득 차 있다고 생각했다. 하지만 그런 불운은 대부분 일어나지 않았다."라고.

내가 아는 에드워드 에반스는 한때 고액 연봉자였다. 하지만 지나친 스트레스로 심한 병을 앓은 뒤 주급 30달러에 불과한 세일즈맨으로 살아야 했다. 하지만 그는 지난날을 떠올리며 괴로워하지 않았다. 그는 "저는 요즘 차를 선적할 때 바퀴를 받치는 블록을 팝니다. 이전보다 수입이 크게 줄었지요. 그러나 걱정하지 않습니다. 이미 일어난 일을 후회하지도 않고요. 미래에 대한 불안도 없습니다. 저의 모든 시간과 열정을 오직 블록 파는 일에만 집중할 따름입니다."라고 밝은 표정으로 이야기했다.

칼리다사(고대 인도 시인 · 극작가)

'오늘 하루를 잘 봐라! / 이 하루가 인생이니 / 그 짧은 하루 안에 / 너라는 존재가 / 성장의 기쁨이 / 행동의 영광이 / 찬란한 아름다움이 있다. / 어제는 꿈에 불과하고 / 내일은 환영일 뿐이나 / 오늘을 충실히 살면 / 어제는 행복한 꿈이 되고 / 내일은 희망 가득한 환영이 된다. / 그러니 오늘 하루를 잘 봐라! / 이것이 새벽 여명에 바치는 나의 인사.'

과거와 미래를 닫고
오늘에 충실하라

단테 알리기에리가 그랬듯, 고대 인도의 시인 칼리다사도 '오늘'의 중요성을 강조했다. 앞서 말한 것처럼 오늘이 우리가 가진 가장 소중한 재산이다. 바로 지금 이 순간이 두 번 다시 되돌아오지 않는, 우리가 최선을 다해 살아가야 할 인생이다. 칼리다사 역시 오늘을 충실하게 살아야 어제가 행복한 꿈이 되고, 내일이 희망으로 가득해진다고 이야기한다.

다음의 몇 가지 질문을 스스로 자신에게 해보도록 하자.
· 나는 이미 지나가버린 과거의 일을 후회하면서 현재의 삶을 망치고 있지 않나?
· 나는 미래를 걱정하거나 기대하느라 현실의 삶을 얼렁뚱땅 살고 있지는 않나?
· 나는 매일 아침마다 "오늘 하루를 즐기며 열심히 살아야지."라고 다짐하고 있나?
나는 다시 한 번 외치고 싶다. "과거와 미래를 철문으로 단단히 틀어막아라! 오늘 하루를 충실하게 살아라!"라고.

임어당(중국 작가)

"진정한 마음의 평화는 최악의 상황을 인정하는 데서 온다. 심리학적
으로 보면, 그것은 에너지의 해방을 의미한다."

최악의 상황을 예측하고 감수하라

세계적인 에어컨 제조 기업 '캐리어'를 창업한 윌리스 캐리어는 최고의 걱정 해결 방법을 알고 있었다. 그는 사업 초기 큰 어려움에 맞닥뜨렸을 때 그 방법을 스스로 찾아내 30년 넘게 활용해왔다. 자세한 내용은 다음과 같다.

'첫째, 두려움을 떨치고 냉정하게 실패를 분석하며 최악의 상황을 예측해본다. 둘째, 최악의 상황을 감수하기로 결심하고 마음의 평화를 찾는다. 셋째, 최악의 상황을 개선하는 방향으로 시간과 에너지를 집중해 새로운 발전의 계기로 삼는다.'

정말로 바람직한 방법이 아닌가? 그런데 지금도 심각한 문제에 맞닥뜨린 많은 사람들이 최악의 상황을 인정하지 않은 채 분노의 소용돌이에 빠져 자신의 삶을 파괴하고 있다. 현실을 받아들이고 상황을 개선하려는 시도는 하지 않은 채 파멸의 구렁텅이에 주저앉아 우울증의 희생자가 되고 있다. 철학자이자 심리학자인 윌리엄 제임스는 "이미 일어난 일을 인정하는 것이 불행을 극복하는 첫 번째 과정이다."라고 말했다.

조셉 몽테규(미국 의사 · 『신경성 위장장애』 저자)

"당신은 먹는 음식 때문에 위궤양에 걸린 것이 아니다. 그보다 훨씬 더 많은 사람들이 걱정에서 비롯된 스트레스로 인해 위궤양이 생긴 다."

걱정이 건강에 끼치는 나쁜 영향

물론 음식도 위궤양에 큰 영향을 끼친다. 그럼에도 조셉 몽테규는 인용한 말을 통해 스트레스를 일으키는 걱정의 문제점을 부각시켰다. 의사 월터 알바레즈도 같은 내용의 이야기를 했다. 그는 "위궤양은 스트레스의 기복에 따라 완화되거나 악화된다."라고 강조했다. 특히 그는 오랜 시간 자신의 병원에서 치료받은 1만5천여 명의 진료 기록을 참고해 그와 같은 주장을 뒷받침했다. 환자 5명 중 4명은 생활습관에 별 문제가 없었다. 그들은 무엇보다 다양한 걱정을 비롯해 두려움, 증오심, 현실 부적응 같은 정신적 어려움을 겪고 있었다.

"병원에 찾아오는 환자의 70퍼센트는 걱정을 없애기만 해도 질병을 치료할 수 있습니다. 그들의 질병이 전부 상상 때문에 생긴 것은 아니지만, 걱정이 병을 키워 병원에 찾아올 만큼 악화시킨 것은 틀림없지요. 사람이 지나치게 걱정하면 위액이 필요 이상 분비되어 위궤양에 걸리는 식입니다." 내가 아는 한 내과 의사는 이렇게 말했다.

플라톤(고대 그리스 철학자)

"의사들의 최대 실수는 마음을 치료하는 데 신경 쓰지 않고 몸만 치료하려고 드는 것이다. 마음과 몸은 하나이므로 그것을 개별적으로 치료해서는 안 된다."

데일카네기 가르침

지나친 걱정은
일종의 정신 질환이다

위대한 철학자 플라톤의 조언을 의학이 깨닫는 데는 무려 2천 300년의 시간이 필요했다. 실제로 의학이 사람들의 정신 질환에 관심을 기울인 것은 별로 오래된 일이 아니다. 과거에는 정신의학이라는 용어조차 존재하지 않았으니까. 그동안 인류는 다양한 신체의 질병을 극복해왔지만 정신 질환에 대한 치료법은 아직도 개척해 나가야 할 여지가 많다.

내가 보기에는 지나친 걱정 역시 일종의 정신 질환이라고 할 수 있다. 각박한 현실을 견디지 못하고 걱정에 시달리는 사람들은 타인과 관계를 단절한 채 자신만의 세계로 도피할 가능성이 매우 높다. 그러다 보면 파괴적인 행위를 일삼거나 신체의 질병에 노출되기 십상이다. 걱정이 끼치는 악영향이 그만큼 심각한 것이다. 신경 질환으로 고생하는 환자들은 대개 끊이지 않는 걱정을 바탕으로 무기력감, 절망감, 불안감, 두려움, 패배감 같은 부정적 감정에 시달린다.

미셸 몽테뉴(프랑스 철학자)

"열심히 일하겠습니다! 하지만 제 폐와 간까지 나빠지도록 과로하지
는 않겠습니다!"

죽음을 불러올 수도 있는 걱정

프랑스의 유명한 철학자 미셸 몽테뉴는 고향인 보르도의 시장에 당선됐을 때 열광하는 군중 앞에서 인용한 문장을 이야기했다. 이 말에는 유머가 섞여 있지만, 그만큼 그는 걱정과 스트레스의 위험성을 잘 알고 있었다.

미국 제32대 대통령 프랭클린 루스벨트 정부에서 재무부 장관으로 일했던 헨리 모겐소 주니어는 지나친 걱정이 끼치는 나쁜 영향을 솔직히 고백한 적이 있다.

"나는 밀 가격이 폭락해 큰 고민에 빠지면서 스트레스가 이만저만 아니었습니다. 서둘러 대책을 마련하라는 대통령이 지시에도 뾰족한 수가 떠오르지 않았지요. 그러던 어느 날 나는 전에 느껴보지 못했던 극심한 현기증이 일어 몹시 괴로웠습니다. 그 자리에 쓰러져 그대로 죽는 것은 아닌지 엄청난 공포가 엄습했지요. 나는 병원에 가서 응급 처치를 받은 뒤에야 가까스로 정신을 차릴 수 있었습니다."

어떤가, 걱정의 위력이 실감나지 않나?

알렉시스 캐럴(프랑스 의사 · 사회학자)

"걱정에 슬기롭게 대처하지 못하는 사업가는 일찍 죽음을 맞는다. 그
와 달리 현대사회의 혼란 속에서도 내면의 평화를 유지하는 사람은 정
신 질환에 걸리지 않는다."

건강과 행복을 가져다주는 마음의 평화

제2차 세계 대전에서 전사한 미군의 수가 약 30만 명 정도 된다는 통계가 있다. 그런데 같은 기간 심장병으로 사망한 사람은 200만 명에 달한다. 나는 그중 상당수가 지나치고 쓸데없는 걱정이 불러온 스트레스 탓이라고 생각한다.

나는 여러분에게 쓸데없는 걱정을 없애고 마음의 평화를 되찾을 비결을 알려주겠다. 그것은 한마디로 잘 먹고, 잘 자고, 웃음을 잃지 않는 생활 태도를 가지라는 것이다. 좋은 음악을 가까이 하고, 주위 사람들을 사랑하며, 종교 생활을 하는 것도 바람직한 방법이다. 그러면 분명, 여러분에게 몸의 건강과 행복이 찾아오게 되리라 믿는다. 이제 우리는 지나친 걱정, 쓸데없는 걱정에서 벗어나야 한다. 그런 걱정은 피부를 망가뜨리고 탈모의 원인이 되며, 나아가 나쁜 질병을 가져와 우리를 고통스럽게 만들 뿐이다.

헨리 데이비드 소로(미국 사상가 · 시인)

"자기가 꿈꾸는 대로 자신감 있게 나아가면, 자기가 바라는 대로 삶을 살아가려고 노력하면, 그 사람은 평소에 기대할 수 없었던 성공에 이르게 될 것이다."

데일카네기 가르침

걱정을 떨치고
자신감 있게 나아가라

옛날에 중국 군주가 죄수를 고문할 때, 그 사람의 손과 발을 묶고 머리 위에서 물이 계속 똑똑 떨어지게 했다. 줄기차게 머리 위에서 떨어지는 물방울은 마침내 망치 소리처럼 들려 그 죄수는 결국 미쳐버리고 만다. 걱정이 바로 그렇게 물방울이 떨어지는 소리와 같다.

나는 어린 시절 복음 전도사 빌리 선데이로부터 지옥불 이야기를 들었다. 그런데 그는 걱정에 사로잡힌 사람들이 겪는 육체적 고통이라는 지옥불에 대해서는 언급하지 않았다. 예를 들어 당신이 만성적 걱정에 사로잡힌 사람이라면, 언젠가 극심한 고통을 수반하는 협심증으로 고생할 수 있다. 그러면 당신은 비명을 내지를 것이다. "하나님! 제발 이 병만 낫게 해주세요. 이제 다시는 다른 걱정을 하지 않겠습니다!" 라고 소리치면서.

삶을 사랑하는가? 오랫동안 건강하게 살고 싶은가? 그렇다면 자신감 있게 나아가라. 쓸데없는 걱정을 떨치고 자기가 바라는 삶을 살아가려고 노력하라.

러드어드 키플링(인도 소설가)

"나에게는 6명의 충실한 하인이 있다. 지금 내가 알고 있는 모든 것을 그들이 가르쳐주었다. 그들의 이름은 '누가', '언제', '어디서', '무엇을', '어떻게', '왜'이다.

문제 분석과 해결의 기본 3단계를 익혀라

앞서 설명한 에어컨 제조 기업 '캐리어' 창업자 윌리스 캐리어의 걱정 해결 방법이 당신의 걱정을 전부 해결해줄 수 있을까? 물론 그렇지는 않다. 그렇다면 해답은 무엇일까? 그 해답은 우리가 문제 분석과 해결의 기본 3단계를 완전히 익혀 다양한 종류의 걱정에 대처할 수 있어야 한다는 것이다. 기본 3단계란 다름 아닌 '제1단계, 사실을 파악하라. 제2단계, 사실을 분석하라. 제3단계, 결론을 도출하고 그것을 실행하라.'이다.

너무 뻔한가?

하지만 아리스토텔레스도 그와 같은 방법을 스스로 이용하며 다른 사람들에게 가르쳤다. 우리의 낮과 밤을 지옥으로 만들어버리는 어떤 문제를 해결하려면, 여러분도 문제 분석과 해결의 기본 3단계를 철저히 이해하고 실천해야 한다. 그 과정에 반드시 필요한 것이 러드어드 키플링이 함께한 6명의 충실한 하인이다.

허버트 호크스(미국 컬럼비아대학 총장)

"걱정의 주된 원인은 혼란이다. 어떤 결정을 내리는 데 필요한 사실을 제대로 파악하지 못하면 혼란에 빠지게 되고, 그것이 걱정으로 이어진다. 나는 결정을 내려야 할 중요한 일이 있을 때 괜히 허둥대거나 쓸데없는 걱정을 하며 잠을 설치지 않는다. 나는 가장 먼저 사실을 파악하는 데 집중할 뿐이다. 누구든 어떤 결정을 내리기에 앞서 공정하고 객관적인 시각으로 사실부터 파악한다면 불필요한 걱정에 빠질 일이 없다."

018

데일카네기 가르침

객관적인 시각으로
사실부터 파악하라

허버트 호크스의 말에서 우리가 특별히 눈여겨보아야 할 구절은 "누구든 어떤 결정을 내리기에 앞서 공정하고 객관적인 시각으로 사실부터 파악한다면 불필요한 걱정에 빠질 일이 없다."이다. 사실을 파악하는 것이 왜 중요한가? 우리가 사실을 정확하게 파악하지 못하면, 문제를 슬기롭게 해결하려는 시도조차 하지 못한 채 혼란에 빠져 조바심을 내게 된다.

그런데 사실을 낱낱이 파악한다고 해서 누구나 그 가치를 제대로 이해하는 것은 아니다. 왜냐하면 인간에게는 선입견과 편견이 있기 때문이다. 쉽게 말해, 사람들은 종종 자기가 보고 싶은 대로 보고 듣고 싶은 대로 듣는 어리석음에 빠진다는 뜻이다. 그런 자세로는 정확하게 사실을 파악하는 것이 불가능하다. 우리가 선입견과 편견의 함정에 빠지지 않으려면 이성적 사고와 감정을 분리할 줄 알아야 한다. 자기 기분 내키는 대로 함부로 판단하지 말라는 것이다. 그래야만 '공정하고 객관적인 시각'을 가질 수 있다.

100문장으로 읽는 데일 카네기 『자기관리론』

앙드레 모루와(프랑스 작가 · 칸영화제 심사위원장)

"우리의 욕망과 부합하는 것은 언뜻 진실해 보인다. 그와 반대로, 그렇지 않은 모든 것에 우리는 분노를 드러내기도 한다."

사실을 정확히 모르면 문제를 해결할 수 없다

지금 당신이 사실이라고 생각하는 것이 실은 사실이 아닐 수 있다. 단지 당신의 욕망이 그것을 사실로 여기고 싶어 하는지 모른다. 다시 한 번 강조하건대, 제일 먼저 사실을 객관적으로 정확히 파악해야 문제 해결의 길로 바르게 나아갈 수 있다. 그것은 알베르트 아인슈타인도 반드시 지켰던 원칙이다. 발명왕 토머스 에디슨 역시 자신의 연구에 앞서 관련 사실을 조사해 기록해놓은 공책을 2천500여 권이나 남겼다는 일화가 있다.

예를 하나 들어보겠다. 우리가 초등학교 1학년 수학 시간에 배운 대로 '2+2=4'는 틀림없는 사실이다. 그 사실을 똑바로 파악하지 못해 '2+2=5'라거나 심지어 '2+2=500'이라고 믿는다면 어떤 일이 벌어질까? 당연히 우리는 좀 더 복잡한 수학 문제의 정답을 찾아낼 수 없다. 기본적인 사실조차 알지 못하므로 삶의 이런저런 문제들을 아무것도 해결할 수 없다.

찰스 케터링(미국 과학자)

"매우 명쾌하게 제시한 문제는 절반쯤 해결한 것과 다름없다."

사실을 자세히 기록해 분석하라

아무리 다양한 사실을 수집해놓아 봤자, 그 내용을 꼼꼼히 분석하지 않으면 소용없는 일이다. 한마디로 헛수고라는 말이다. 그렇다면 사실을 분석하는 첫걸음은 무엇일까? 그것은 사실을 자세히 기록하는 것이다. 그와 같은 행위만으로도 현명한 결정을 내리는 데 도움이 된다. 미국 출신 과학자 찰스 케터링이 인용한 문장을 이야기한 것도 그와 같은 이유다.

지금 어떤 심각한 문제에 맞닥뜨렸는가? 그렇다면 종이를 펼쳐 두 가지 질문부터 적어보라. '내가 걱정하고 있는 것이 무엇인가?', '그것에 대해 나는 무엇을 할 수 있는가?' 그러고 나서 그 질문들을 곰곰이 분석한다면 정말로 당신의 문제는 절반쯤 해결된 것과 다를 바 없다. 먼저 질문을 적고, 그에 대한 해답을 차근차근 적어 나가는 것이 생각을 명확하게 하는 데 도움을 주기 때문이다.

윌리엄 제임스(철학자 · 미국 하버드대학 교수)

"어떤 결정을 내리고 그것을 실행하기로 마음먹었다면, 그 결과에 대한 책임과 염려는 잊어버려라."

021

명확히 결정했으면
주저 없이 행동하라

인용한 문장이 의미한 바는 일단 사실에 근거해 결정을 내렸으면 주저 없이 행동하라는 것이다. 머뭇거리거나, 걱정하거나, 이미 지나온 과정을 다시 되풀이해서는 안 된다. 자기 자신에 대한 믿음을 잃지 말아야 한다.

미국의 석유업자 웨이트 필립스는 이렇게 말했다.

"나는 어떤 문제를 지나치게 생각하면 혼란과 걱정만 불러일으킨다는 사실을 깨달았습니다. 조사든 고민이든 필요 이상 하면 해가 되는 때가 오지요. 그러니 결정을 내린 다음에는 뒤돌아보지 말고 행동해야 합니다."

또한 성공한 사업가 갈렌 리치필드도 비슷한 이야기를 했다.

"확고한 결정을 내리지 못한 채 우왕좌왕하다 보면 신경쇠약에 걸리고 삶이 지옥으로 변합니다. 일단 명확히 결정을 내리고 나면 50퍼센트의 고민이 사라지지요. 그리고 그 결정을 실행하는 과정에서 40퍼센트의 고민이 더 사라집니다."

레온 심킨(사이먼앤슈스터출판사 최고경영자)

"그날 이후, 나는 회의에 참석하는 직원들에게 네 가지 질문에 대한 답변을 미리 적어 제출하도록 했다. 그러자 놀랍게도, 그처럼 단순한 변화만으로도 회의 시간이 부쩍 줄어드는 믿기 어려운 변화가 일어났다. 최근 들어서는 우리 회사의 회의 시간이 무려 75퍼센트나 줄어들었다."

022

회의에 참석하는
바람직한 자세

사이먼앤슈스터의 레온 심킨은 큰 고민이 있었다. 그는 지난 15년 동안 매일같이 무엇을 어떻게 해야 할까 토론하며 긴 시간을 보내야 했다. 계속 그렇게 계속 살아야 하나 싶어 인생이 몹시 답답할 지경이었다. 그렇다고 딱히 변화를 줄 방법도 떠오르지 않았다.

그러던 어느 날, 그에게 아이디어가 하나 떠올랐다. 회의에 참석하는 직원들에게 네 가지 질문에 대한 답변을 미리 적어 제출하도록 한 것이다. 그 전에는 직원들이 회의하는 테이블에서 여러 안건에 대해 두서없이 토론할 때가 많았다. 그러다 보면 가끔은 어떤 문제를 고민하는지조차 헷갈릴 지경이었다. 그런데 그처럼 단순한 변화만으로도 회의 시간이 부쩍 줄어들고 대화의 품질도 좋아지는 변화가 일어났다.

심킨이 직원들에게 미리 건넸던 질문지의 내용은 무엇이었을까? 그것은 '1. 무엇이 문제인가? 2. 문제의 원인이 무엇인가? 3. 문제를 해결할 수 있는 해결책에는 어떤 것들이 있을까? 4. 내가 생각하는 최선의 해결책은 무엇인가?'였다.

루이 파스퇴르(프랑스 과학자)

"나는 걱정이 없다. 나는 도서관과 연구실에서 분주히 생활하며 한없
는 평화를 누린다."

023

데일카네기 가르침

바쁘면 걱정이 비집고 들어갈 틈이 없다

윈스턴 처칠은 제2차 세계 대전이 한창일 때 연합국을 이끄는 지도자로서 하루 18시간씩 일에 몰두했다. 그야말로 눈코 뜰 새 없이 바쁜 나날이었다. 사람들은 그의 스트레스가 이만저만 아닐 것이라고 추측했다. 어느 날 한 기자가 "총리님, 밤낮없이 나랏일을 보시느라 걱정이 참 많지요?"라고 물었다. 그러자 처칠이 기자를 바라보며 싱긋 웃더니 "나는 너무 바빠서 걱정할 시간이 없습니다."라고 대답했다.

루이 파스퇴르도 마찬가지였다. 그는 "선생님께는 요즘 어떤 걱정거리가 있나요?"라고 한 제자가 묻자 인용한 문장을 이야기했다. 무슨 뜻일까? 그것은 파스퇴르 역시 처칠처럼 자기 일에 바쁘게 몰두하느라 머릿속에 걱정이 비집고 들어갈 틈이 없다는 의미였다. 실제로 열심히 일하는 연구원들은 신경쇠약에 걸릴 일이 없다고 한다. 그들은 "쓸데없는 걱정에 빠져 있을 새가 없어요. 그런 시간은 우리에게 사치예요."라고 말한다.

알프레드 테니슨(영국 시인)

"일에 몰두해서 나 자신을 잊어버려야 한다. 그렇게 하지 않으면 다시 절망에 빠져들 것이다."

024

한가하면 머릿속에 잡념이 파고든다

알프레드 테니슨은 가장 친한 친구 아서 할램을 잃고 인용한 문장을 이야기했다. 미국 시인 헨리 롱펠로도 사랑하는 아내와 사별했을 때 그 사실을 깨달았다. 그는 아내를 불의의 사고로 잃은 충격 탓에 거의 미칠 지경이었다. 그런데 그에게는 돌봐줘야 할 3명의 어린 자녀가 있었다. 몹시 슬펐지만, 롱펠로는 자녀들에게 엄마 노릇까지 해야 했다. 그는 아이들을 데리고 산책을 가고, 동화책을 읽어주고, 마당에서 함께 뛰어놀았다. 또한 그 시기에 출판사의 의뢰로 단테의 작품도 번역했다. 그처럼 여러 가지 일로 바빠, 그는 슬픔을 잊고 마음의 평화를 찾을 수 있었다.

사람들은 종종 몰두하던 일을 마친 후 위험한 감정에 빠져들고는 한다. 한가롭게 여가 시간을 즐기며 행복해야 하지만, 그때 걱정이라는 우울한 마귀가 공격한다. '나는 지금 잘 살고 있나? 상사가 오늘 한 말에 무슨 의도가 있었던 것은 아닌가? 내가 너무 빨리 늙고 병들면 어떡하지?' 같은 잡념이 끊임없이 머릿속을 파고드는 것이다.

무명씨(퀘이커교에서 운영하는 요양소 원장)

"시장님, 환자들은 하루에 4시간씩만 일합니다. 그렇게 규칙적으로
바쁜 시간을 보내면서 강박증이나 과대망상 같은 정신적 문제를 잊지
요. 또한 자기 자신의 안타까운 현실과 가족들에 대한 걱정에서도 잠
시 해방됩니다."

025

바쁜 일상 속에서 치유 받는 '작업 요법'

1774년, 필라델피아 시장이 개신교의 한 종파인 퀘이커교에서 운영하는 요양소를 방문한 적이 있다. 그곳에서는 정신 질환을 앓는 환자들이 치료받고 있었는데, 시장이 보기에 도무지 이해할 수 없는 장면이 눈에 띄었다. 놀랍게도, 환자들이 직접 천을 짜고 염색하느라 이리저리 바쁘게 움직였던 것이다. 병상에 가만히 누워 있을 환자들의 모습을 상상했던 시장은 깜짝 놀라 요양원 측에 따져 물었다. "아니, 불쌍한 환자들의 노동력을 착취하면 어떡합니까?" 그러자 요양원 원장이 시장에게 옆에 인용한 문장을 차분히 이야기했다. 그제야 시장은 요양원의 상황이 이해되어 고개를 끄덕였다.

몹시 바쁜 하루 일과에 몰두하느라 걱정을 잊는 원리는 실제로 정신의학에서도 활용하는 치료 방법이다. 그것을 일컬어 '작업 요법'이라고 하는데, 그 역사가 매우 오래되었다.

제임스 머셀(미국 컬럼비아대학 교육학과 교수)

"걱정이 당신을 몰아붙여 지치게 하는 순간은 일할 때가 아니라 휴식하고 있을 때이다. 아무 일 없이 멍하니 있을 때 당신의 상상력은 미친 듯 날뛰면서 모든 종류의 그릇된 가능성을 불러들인다. 그러면 자신의 조그만 실수도 과장하게 된다. 그때 당신의 정신은 비정상적으로 작동하는 기계의 모터와 같다. 그렇게 시간이 더 흐르면 모터가 과열되어 기계가 망가지게 마련이다. 쓸데없는 걱정을 하지 않으려면 생산적인 일에 완전히 몰두해야 한다."

026

데일카네기 가르침

진공 상태인 머릿속을
행복 에너지로 채워라

우리가 바쁘지 않을 때 뇌는 진공 상태처럼 변하고는 한다. 물리학에서는 자연이 진공 상태를 싫어한다고 가르치지 않나. 여러분은 그와 같은 머릿속의 진공 상태를 깨뜨려야 한다. 전구가 깨지면 비어 있던 공간을 채우기 위해 자연의 공기가 밀려들 듯, 공허해진 머릿속을 평화롭고 행복한 에너지로 채워야 한다. 그렇지 않으면 여러분의 머릿속이 걱정, 두려움, 증오, 시기, 질투 같은 부정적 감정으로 다시 가득해질 테니까.

지금까지 나의 이야기에 귀 기울인 독자라면 인용한 말의 의미를 단박에 알아차렸을 것이다. 제임스 머셀 같은 대학 교수라야 꼭 그런 생각을 하게 되는 것은 아니다. 우리 모두는 일상생활을 하면서 이렇게 해야 걱정을 줄일 수 있는지 스스로 깨닫고는 한다. 다만 그것을 실천에 옮기는 것이 쉽지 않고, 또 몰두하던 일을 끝마쳤을 때 다시 진공 상태가 되어버리는 감정 관리를 잘해야 한다는 과제가 남을 따름이다.

조지 버나드 쇼(아일랜드 극작가)

"당신이 지금 괴로워하는 것은 행복한지 불행한지 고민할 여유가 있기 때문이다."

027

세상에서 가장 값싸고
효과적인 걱정 치유의 명약

지금 당신이 행복한지 불행한지 굳이 생각하려고 애쓰지 마라. 그 대신 몸을 바쁘게 움직여라. 몸을 분주히 움직이면 머릿속의 혈액 순환까지 원활해져 삶의 긍정 에너지가 걱정을 몰아낼 것이다. 바쁘게 일하고, 열심히 공부해라. 그것이 세상에서 가장 값싸고 효과적인 걱정 치유의 명약이다.

앞서 이야기했던 윈스턴 처칠의 말을 다시 한 번 옮겨보겠다. "나는 너무 바빠서 걱정할 시간이 없습니다." 어떤가, 이제 이 말의 의미가 더욱 강렬하게 다가오지 않나?

작가 존 쿠퍼 포이즈 역시 자신의 책 『불쾌한 일을 잊는 기술』에서 이렇게 주장했다. '어떤 일에 몰두할 때 마음의 안정, 내면의 평화, 나아가 행복이 찾아온다. 이 감정이 인간의 삶에서 쓸데없는 걱정을 지워준다.' 라고. 그러니 제자리에 주저앉아 상념에 젖어들지 마라. 그 공허가 당신의 행동력과 의지력을 파괴할 테니까.

프랭크 호건(미국 뉴욕시 검사)

"형사재판에 회부되는 사건의 과반수는 사소한 일에서 비롯된다. 술집에서 벌어지는 작은 시비, 가족 간에 일어나는 말다툼, 친구끼리 주고받는 조롱 같은 사소한 일이 폭행과 살인으로 이어지는 것이다. 꼭 누군가 크게 잘못한 일이 있어야 비극이 발생하는 것은 아니다. 누군가의 자존심이 약간의 상처만 입어도 큰 사건으로 번지고는 한다."

028

사소한 걱정이라며
무시하지 말고 차단해

"부부 간의 불화는 대부분 사소한 의견 차이가 만듭니다. 그것이 서로에게 걱정거리가 되고, 끝내 더 큰 싸움으로 번지지요." 이것은 이혼 담당 판사 조셉 차베스의 말이다. 어디 부부 간의 불화만 그럴까. 친구 간의 다툼과 가족 간의 갈등도 알고 보면 작은 의견 차이와 사소한 걱정에서 시작된다. 우리는 다른 사람의 생각이 나와 다를 수 있다는 사실을 자주 망각하며, 사소하고 쓸데없는 걱정으로 상대방과 충돌을 일으키기 일쑤다.

나는 사소한 걱정이 쌓이고 쌓여 자신의 삶을 파괴하는 모습을 여러 차례 보아왔다. 사람들은 아침에 눈 떠서 저녁에 잠자리에 들 때까지 온갖 걱정의 소용돌이를 겪는다. 하지만 일상생활의 사소한 걱정들이 실은 얼마나 하찮은 것인가. 그것은 별 것 아닌 일을 터무니없이 심각하게 생각하며 노심초사하는 우리의 잘못된 습관에서 비롯된다.

앙드레 모루와(프랑스 작가 · 칸영화제 심사위원장)

"우리는 그냥 무시하고 잊어버려도 괜찮을 사소한 것들에 너무 쉽게 화를 낸다. 인생은 짧은데, 그 소중한 시간을 쓸데없는 걱정을 하느라 낭비한다. 우리는 인생을 좀 더 가치 있는 행동과 감정, 위대한 사상과 진실한 애정, 지속적인 과업에 바쳐야 하지 않을까? 우리의 삶은 사소한 일에 신경 쓰기에 너무나 짧다."

데일카네기 가르침

생각을 좀 달리 하는 것만으로도 충분해

내 친구 호머 크로이의 일화를 들려주겠다. 그는 뉴욕에서 작가로 활동하는데, 겨울만 되면 난방용 기기인 라디에이터 소리 때문에 스트레스가 매우 크다고 불평했다. 그런데 그가 친구들과 캠핑을 다녀오고 나서 뜻밖의 이야기를 했다.

"캠핑 간 날 저녁, 나는 의자에 가만히 앉아 이글거리는 불 속에서 나무 장작이 타는 소리를 들었어. 그러다가 문득 그것이 우리집 라디에이터 소리와 비슷하다고 느껴지더군. 그런데 나는 왜 나무 타는 소리는 즐기면서 라디에이터 소리는 소음으로만 여겼을까, 하는 생각이 들더라고. 이튿날 집으로 돌아온 나는 라디에이터 소리를 듣고도 더는 짜증을 내거나 걱정하지 않았어. 그냥 캠핑 때의 나무 장작 타는 소리를 떠올리며 편안히 잠자리에 들었지. 단지 생각을 좀 달리 하는 것만으로도 걱정거리를 없앤 놀라운 경험이었지 뭐야."

수많은 사소한 고민도 마찬가지다. 우리는 사소한 일들을 너무 심각하게 생각하는 경향이 있다.

페리클레스(고대 그리스 정치가)

"우리는 사소한 일에 몰두하느라 너무 많은 시간을 허비하고 있다."

030

작은 딱정벌레가 큰 나무를 쓰러뜨린다

해리 포스딕 목사가 내게 다음과 같은 이야기를 들려주었다.

"얼마 전 거대한 나무 한 그루가 쓰러져 죽었습니다. 식물학자들은 그 나무가 400년은 살았을 것이라고 추측하지요. 그러니까 그 나무는 콜럼버스가 아메리카 대륙에 첫 발을 내딛기 전부터 이 땅에서 꿋꿋이 자라나고 있었던 것입니다. 그동안 나무는 여러 차례 벼락을 맞았고, 수많은 폭풍우를 온몸으로 견뎌냈지요. 그 일이 없었다면 나무는 수백 년을 더 살았을지 모릅니다. 바로 그 일, 딱정벌레 한 무리의 공격 말입니다. 처음에는 작은 딱정벌레 몇 마리가 나무에 몰려와 이곳저곳 갉아먹기 시작하더니 결국 모든 줄기를 병들게 했지요. 가지마다 속이 텅 비어버린 아름드리나무는 어느 날 땅바닥에 풀썩 쓰러져버렸습니다. 아무 힘도 없어 보이는 미약한 딱정벌레들의 끝없는 공격이 온갖 시련을 이겨낸 나무를 단박에 죽이고 말았지요."

이 이야기는 아무리 사소한 걱정이라도 긴 시간 허우적대다보면 삶이 무너져버릴 수 있다는 경고다.

데일 카네기(미국 자기계발 강연자 · 작가)

"나는 어린 시절에 비바람이 불면 벼락에 맞아 죽지 않을까 걱정했고, 집안 형편이 어려워져 먹을 것이 없을까 봐 걱정했다. 훗날 죽고 나면 지옥에 가지 않을까 걱정하기도 했고. 어디 그뿐인가. 나중에 청년이 되었을 때 결혼할 여자가 없을까봐 걱정했고, 결혼식이 끝난 후에는 아내에게 가장 먼저 무슨 말을 해야 하나 걱정했다. 누가 어린아이답지 않다며 꾸짖는다고 한들 머릿속에 자연스럽게 떠오르는 그 같은 걱정을 막을 방법이 없었다."

031

데일카네기 가르침

'평균율의 법칙'을
떠올려보라

어린 시절 이야기를 솔직히 털어놓고 보니 좀 민망하다. 그런데 나는 세월이 흐르면서 걱정하던 일의 99퍼센트는 절대로 현실에서 일어나지 않는다는 것을 깨달았다. 예를 들어 미국국립기상청의 통계에 따르면, 사람이 80년을 산다고 가정할 때 평생 벼락에 맞을 확률은 1만5천300분의 1이라고 한다. 그러니까 어린 시절 내가 했던 걱정은 대부분 쓸데없는 망상이었던 것이다.

그럼에도 많은 사람들이 성인이 되고 나서도 터무니없는 걱정에 빠져들고는 한다. 그럴 때마다 우리가 명심해야 할 것이 '평균율의 법칙'이다. 그것은 사건이 실제로 일어날 평균의 확률을 의미한다. 앞서 예로 든 번개 맞을 확률의 경우, 1만5천300분의 1이라는 가능성이 바로 평균율이다. 즉 평균율의 법칙에 따라 나의 걱정이 얼마나 현실성이 있나 따져봐야 한다는 뜻이다. 그 결과 내가 걱정하는 일이 벌어질 확률이 크게 낮다면 전혀 조바심을 낼 필요가 없다.

샐린저 부인(미국 변호사 허버트 샐린저의 아내)

"어느 날 제가 이런저런 걱정으로 힘들어하자 남편이 조심스럽게 말하더군요. '잠시 진정해 봐. 당신이 정말로 걱정하는 것이 뭐야? 평균율의 법칙에 따라, 그 일이 실제로 일어날 확률이 얼마나 되는지 한번 살펴볼까?'라고요. 남편의 다정한 충고에 저는 정신이 번쩍 들었습니다. 평균율의 법칙에서 보면 제가 하는 대부분의 걱정은 그냥 무시해도 좋을 것이었으니까요."

보험 회사와 걱정 많은
사람들의 내기

옆에 인용한 문장은 '평균율의 법칙'으로 쓸데없는 걱정을 떨쳐버린 실제 사례다. 그녀의 남편은 아내가 걱정에 빠져 불안해할 때마다 인용한 문장 속의 말을 건넸다. 나는 샐린저 부인을 만난 뒤 강연을 통해 자주 평균율의 법칙을 설명했다. 그것이 사람들의 걱정을 없애는 효과적인 방법이라는 데 확신을 가졌기 때문이다.

사실 오래전부터 사람들의 걱정은 돈벌이의 좋은 수단이 되어 왔다. 우리 주위의 숱한 보험 회사들이 사람들의 걱정을 이용해 큰 기업으로 성장했다. 보험 회사들은 소비자들이 걱정하는 일이 거의 일어나지 않는다는 점을 잘 알고 있다. 그러니까 평균율의 법칙으로 소비자들과 일종의 내기를 하는 것이다. 사람들이 재난에 대비해 갖가지 보험에 가입하지만, 평균율의 법칙에 따라 그 재난이 실제로 일어날 확률은 결코 높지 않다. 그러므로 내기의 승자는 언제나 보험 회사인 셈이다.

조지 크룩(미국 서부 개척 시대의 장군)

"대부분의 걱정과 불행은 현실이 아니라 상상에서 온다."

033

그 다리는 한 번도
무너진 적이 없다

내가 아는 짐 그랜트란 사람은 과일 유통 사업을 한다. 그는 기사
들이 오렌지나 자몽을 트럭에 가득 싣고 거래처로 떠나면 이만저
만 걱정이 아니었다. "배달하러 가는 길에 트럭이 고장 나면 어
떻게 하지? 기사들이 과일을 길바닥에 쏟지는 않았을까? 무거운
트럭이 잇달아 지나가다 다리가 무너지면 어떡해? 과일을 제 시간
에 배달할 수는 있을까?"

그는 걱정을 너무 많이 해서 자신이 위궤양이 걸렸을까 두려워
의사를 찾아갔다. 의사는 그에게 신경과민을 제외하고는 건강에
아무런 이상이 없다고 말했다. 그제야 그는 정신이 번쩍 들었다.
왜냐 하면, '평균율의 법칙'에 따라 트럭이 고장 날 확률이 5천
분의 1에 불과하다는 사실에 생각이 미쳤기 때문이다. 더구나 그
지역의 다리는 그때까지 단 한 번도 무너진 적이 없었다. 그는 아
직 일어나지 않은 일을 걱정하느라 위궤양에 걸린다면 정말 어리
석기 짝이 없는 노릇이라고 생각했다.

클라이드 마스(미국 해군 사병)

"평균율의 법칙이 불안감을 없애주었다. 나와 동료들은 모두 안심했다. 우리는 만약 사고가 나더라도 배에서 탈출할 기회가 있을 것이고, 평균율의 법칙으로 보았을 때 우리가 전사할 확률이 결코 높지 않다는 사실을 깨달았다."

034

막연한 불안감을
없애는 방법

'평균율의 법칙'에 관한 사례를 하나 더 이야기하겠다.

오래전, 해군 사병으로 복무했던 클라이드 마스는 자신이 동료들과 함께 옥탄가 높은 휘발유를 운반하는 유조선에 배치되자 걱정이 태산 같았다. 고옥탄가 휘발유를 실은 유조선이 적의 어뢰라도 맞으면 단숨에 폭발해 승조원들 모두 목숨을 잃을 것이라고 생각했기 때문이다.

하지만 미국 해군 사령부는 그런 걱정이 사실에 근거하지 않는다는 것을 알고 있었다. 그래서 사령부에서는 승조원들에게 정확한 통계 자료를 공개했다. 그에 따르면, 전쟁 기간 어뢰에 맞은 100척의 유조선 중 60척은 침몰하지 않았다. 그리고 어뢰에 맞은 40척 중에서도 5척만이 10분 이내에 침몰했다. 그 자료는 설령 적의 어뢰 공격을 받더라도 배에서 탈출할 시간이 충분하다는 것을 의미했다. 아울러 사령부의 자료는 그동안 유조선에서 복무하다가 전사하거나 부상을 입은 군인이 극소수에 그쳤다는 사실도 보여주었다.

네덜란드 암스테르담의 성당에 쓰인 글귀

'원래 그런 것이다. 달리 방법이 없다.'

그 일을 피할 수 없다면 받아들일밖에

많은 사람들이 어떤 고난 앞에서 주어진 상황을 흔쾌히 받아들이고는 한다. 이를테면 오래전에 입은 자신의 장애에 대해 시간이 흐르고 나면 무감각해지는 식이다. 아마도 개인의 성격에 따라 다르겠지만, 인간에게는 힘든 일을 순순히 받아들여 자기의 삶을 더 이상 무너뜨리지 않으려는 본능이 있는 듯하다.

우리는 인생을 살아가는 동안 이런저런 불쾌한 상황에 수없이 맞닥뜨리게 마련이다. 아무리 외면하고 싶어도 피할 수 없는 경우가 많다. 그렇다면 어떻게 해야 할까? 선택지는 두 가지다. 그 상황을 피할 수 없다고 생각해 기꺼이 받아들이든지, 아니면 끝까지 반발해 끝내 신경쇠약으로 삶을 망치든지. 선택지가 너무 극단적이라고? 하지만 어쩌겠는가. 그것이 우리 삶의 현실이기도 한 것을. 당신이 그와 같은 선택지 앞에 서게 된다면, 인용한 문장을 한번쯤 되뇌어볼 필요가 있다.

윌리엄 제임스(철학자 · 미국 하버드대학 교수)

"그대로 받아들여라. 상황을 있는 그대로 받아들이는 것이야말로 불행한 결과를 극복하는 첫 번째 방법이다."

036

천국과 지옥이 모두 우리의 마음 안에 있다

당신은 인용한 윌리엄 제임스의 말에 동의하는가?

1910년부터 1936년까지 영국 왕실을 이끌었던 국왕 조지 5세도 '원래 그런 것이다. 달리 방법이 없다.'라는 삶의 태도를 가졌다. 그는 매일 밤마다 "달을 따 달라고 울지 말고, 이미 엎질러진 물을 아쉬워하지 않도록 해주소서."라고 기도했다. 독일 철학자 아르투어 쇼펜하우어도 다르지 않았다. 그 역시 "절망 앞에서 깨끗하게 단념하는 것이야말로 인생이라는 여정을 나아가는 데 가장 중요한 덕목이다."라고 강조했다.

환경이 우리를 행복하게 하거나 불행하게 하지는 않는다. 환경에 반응하는 우리의 태도가 그런 감정을 결정할 뿐이다. 예수는 『성경』을 통해 '천국과 지옥이 모두 우리의 마음 안에 있다.'라는 가르침을 전했다. 그것은 고난 앞에서 자기의 마음을 다스릴 능력을 우리가 이미 갖고 있다는 의미다. 그와 같은 내면의 힘으로 인간은 자신에게 닥친 여러 걱정거리를 충분히 이겨 낼 수 있다.

부스 타킹턴(미국 소설가)

"눈이 머는 것은 비극이 아니다. 앞이 보이지 않는 것을 견디지 못하고 절망하는 태도, 바로 그것이 비극이다."

037

인간은 마음의 힘으로 살아간다

실제로 부스 타킹턴은 60대에 시력을 잃었다. 안과에 갔더니 한 쪽 눈은 이미 실명 상태였고, 다른 쪽 눈도 거의 시력을 잃어가고 있었다. 평소 그가 가장 두려워하던 일이 일어났던 것이다. 하지만 그는 "이제 끝이야! 내 인생은 끝장난 거야!"라며 괴로워하지 않았다. 시력을 회복하려는 희망으로 1년 동안 12번이 넘는 수술 을 받으면서도 자신이 처한 비극적 현실을 덤덤히 받아들였다. 그 토록 고통스러웠던 경험은 그에게 '받아들임'의 의미를 가르쳐 주었다. 인생을 살다가 어떤 일이 닥쳐도 견디지 못할 것은 없다 는 진실을 새삼 가르쳐주었던 것이다.

타킹턴은 인용한 문장에 덧붙여 이렇게 말했다. "많은 경우에 그렇듯, 나는 눈이 보이지 않는다는 사실도 받아들일 수 있게 되 었다. 인간은 오감을 모두 잃어도 내면의 힘으로 살아갈 수 있다. 우리가 알든 모르든, 인간은 마음으로 보고 마음의 힘으로 살아간 다."라고.

월트 휘트먼(미국 시인)

'나무와 동물들이 그러하듯 / 어두운 밤, 폭풍, 배고픔, 조롱, 사고, 냉대를 / 나도 그렇게 맞이할 수 있기를.'

038

어쩌지 못할 운명 앞에서
화내지 마라

옆에 인용한 문장은 월트 휘트먼이 쓴 시의 일부다.

나 역시 과거에는 어떤 상황을 받아들이지 않으려고 발버둥친 적
이 있다. 그러자 곧 불면증에 시달려 밤이 지옥으로 변해버렸다.
또한 내가 원하지 않는 일들이 잇달아 일어났다. 나는 도저히 상
황을 바꿀 수 없다는 것을 알았지만, 한심하기 짝이 없게 굳이 하
지 않아도 될 고생을 했던 것이다. 아, 나는 진작 인용한 휘트먼의
시를 되새겨야 했다.

휘트먼이 이야기했듯 나무와 동물들은 어두운 밤, 폭풍, 배고픔,
조롱, 사고, 냉대 따위를 부정하며 몸부림치지 않는다. 나무와 동
물들은 자기가 어쩌지 못할 운명 앞에서 화를 내거나 걱정하지 않
는다. 따라서 그들은 신경쇠약에 걸리거나 위궤양을 앓지 않는다.
물론 내가 고난 앞에 무조건 굴복하라고 주장하는 것은 아니다.
다만 객관적으로 자신이 맞닥뜨린 상황을 도저히 변화시킬 수 없
다면, 그것을 있는 그대로 받아들이려는 마음가짐이 필요하다는
뜻이다. 나무와 동물들처럼.

K. T. 텔러(미국 크라이슬러 사장)

"힘든 일이 생기면, 할 수 있는 데까지 최선을 다해 봅니다. 그러고 나서도 안 되면 그냥 잊어버리지요. 미래에 어떤 일이 닥칠지 아는 사람은 아무도 없으므로, 나는 미래에 대해 절대 걱정하지 않습니다. 미래에 영향을 미치는 요인은 참으로 많습니다. 누구도 그 요인이 무엇인지 정확히 모르고, 이해할 수도 없지요. 그런데 왜 미래를 걱정하나요?"

039

치료제가 있으면 찾아 나서고, 없으면 잊어라

그동안 나는 여러 성공한 사업가들과 인터뷰를 진행했다. 그 일을 통해 나는 그들이 피할 수 없는 일은 흔쾌히 받아들이면서 걱정 없는 삶을 사는 모습에 깊은 인상을 받았다. 만약 그렇게 하지 않았다면, 그들은 자신을 옭죄는 긴장감에 스스로 무너지고 말았을 것이다.

크라이슬러를 경영한 K. T. 텔러뿐만 아니라 많은 유명인들이 그와 같은 자세로 사회생활을 했다. 몇 가지 예를 소개하겠다. 미국 전역에 가맹점을 갖고 있는 페니스토어 설립자 제임스 페니는 내게 이런 말을 했다. "설령 전 재산을 잃는다고 해도 나는 걱정하지 않을 겁니다. 그렇게 걱정한다고 해서 뭐 하나 달라질 것이 없으니까요. 그저 내가 할 수 있는 최선을 다한 후 결과는 하나님께 맡길 뿐입니다." 헨리 포드도 그와 비슷한 말을 했다. "내가 어떻게 할 수 없는 일이라면, 나는 그냥 내버려둡니다."라고. '치료제가 있으면 찾아 나서고, 치료제가 없으면 잊어버려라.' 이것은 미국 전래동화의 한 구절이다.

에픽테토스(고대 그리스 철학자)

"행복으로 가는 단 하나의 방법이 있다. 인간의 의지를 벗어나는 일은 걱정하지 않는 것이다."

040

도로의 충격을 흡수하는 타이어처럼

당신은 자동차 타이어가 도로에서 어떻게 충격을 견디는지 생각해본 적 있는가? 처음에 그것을 개발한 제조업자들은 도로의 충격에 저항하는 타이어를 만들었다. 그랬더니 이내 타이어가 갈기갈기 찢어지고 말았다. 그래서 그들은 연구를 거듭해 다음에는 도로의 충격을 흡수하는 타이어를 만들었다. 놀랍게도, 그 타이어는 도로의 충격을 오랜 시간 견뎌냈다.

우리의 인생을 자동차 타이어에 비유해보면 삶의 자세가 어떠해야 하는지 알 수 있다. 우리는 도로의 충격에 저항하는 타이어가 아니라, 도로의 충격을 흡수하는 타이어처럼 인생을 살아가야 한다. 그래야만 행복한 삶을 살 수 있는 것이다. 만약 우리가 도로의 충격에 저항하는 타이어처럼 살아간다면, 엄연한 현실을 거부하다 걱정하고 긴장하고 지쳐 결국 삶의 패배자가 되기 십상이다.

라인홀드 니버(미국 뉴욕 유니언신학교 교수)

"주여, 제게 허락하여 주소서. / 바꾸지 못할 것을 받아들이는 평온한 마음, / 바꿀 수 있는 것을 바꾸려는 용기, / 이 둘을 구별하는 지혜를 허락하여 주소서."

데일카네기 가르침

선택하라,
휘어지든지 부러지든지

미주리주에 있는 나의 농장에서 겪었던 일이다. 나는 농장에 나무를 많이 심었는데, 땅이 좋아서인지 놀라운 속도로 자라났다. 그러던 어느 날 진눈깨비가 내려 나뭇가지마다 얼음이 두껍게 쌓였다. 그런데 농장의 나무들은 우아하게 휘어지는 대신 꼿꼿이 버티다가 결국 잇달아 가지들이 부러지고 말았다. 나는 끝내 그 나무들을 베어내야만 했다. 내 농장의 나무들에게는 숲속의 나무들에게 있는 지혜가 없었다. 나는 종종 캐나다의 울창한 숲을 여행하는데, 진눈깨비 따위에 부러진 나무를 본 적이 없다. 그곳의 침엽수들은 불가피한 상황에 유연하게 굽히고 휘어지는 방법을 알았다.

결코 피할 수 없는 일과 맞서 싸우면서 동시에 새로운 삶을 창조해나갈 정도로 활력이 넘치는 사람은 드물다. 우리는 둘 중 어느 하나를 선택해야만 한다. 피할 수 없는 인생의 진눈깨비에 유연하게 휘어지든지 그것에 저항하다가 부러지든지, 선택은 당신의 몫이다.

찰스 로버트(미국 주식 투자 전문가)

"나는 '손절매 원칙'을 일상생활에도 폭넓게 적용했습니다. 그러자 정말 마법 같은 일이 일어나지 뭡니까. 나를 괴롭히는 온갖 걱정을 비롯해 성가시기 짝이 없는 일과 화나는 일 등에 손절매 주문을 하자 곧 마음에 평화가 찾아왔습니다. 더는 쓸데없는 일에 감정을 낭비하지 않게 되었다는 말입니다."

일상생활에서 손절매 원칙을 지켜라

나는 우연한 기회에 월가에서 주식 투자 전문가로 일하는 찰스 로버트를 만났다. 그는 자신이 성공에 이르기 전까지 겪었던 여러 고난을 이야기해주었다. 그리고 성공의 비결도 들려주었는데, 그 핵심은 유명한 주식 투자자 버튼 슐즈에게 배운 '손절매 원칙'이었다. 슐즈는 간절한 자세로 자신을 찾아온 로버트에게 진심어린 조언을 건넸다.

"나는 어떤 주식을 거래하든, 미리 정해놓은 비율만큼 손해를 보면 당장 팔아치우는 손절매 조항을 반드시 달아놓는다네. 예를 들어 내가 1주에 50달러짜리 주식을 사면, 45달러가 될 경우 즉시 손절매한다는 원칙을 세우는 것이지."

그날 이후 로버트는 그 원칙을 철저히 지켰다. 아울러 그는 슐즈에게 배운 원칙을 주식 투자에만 한정하지 않았다. 시간이 좀 더 흐르면서, 슐즈에게 배운 손절매 원칙을 일상생활에도 폭넓게 적용한 것이다. 그 결과 그에게 일어난 변화는 인용한 문장에 잘 드러나 있다.

에이브러햄 링컨(미국 제16대 대통령)

"허허, 자네들이 나보다도 그 사람들에게 원한이 더 심한 것 같군. 자네들 말마따나 나를 비난하는 사람들에게 내가 너무 점잖게 구는지도 몰라. 하지만 나를 비난하는 사람들에게 크게 분노하는 것이, 대통령으로서나 한 인간으로서나 그럴 만한 가치가 있는 일이라고 생각하지 않네. 길지 않은 우리의 인생을 쓸데없는 싸움에 낭비할 필요는 없지 않겠나? 어느 누구의 비난이라 하더라도 그것이 내게 치명적인 해를 입히지 않는다면 별일 아닌 것으로 생각하는 편이 낫다고 믿네."

043

불필요한 감정 소비는
이제 그만

에이브러햄 링컨은 생활 속에서 '손절매 원칙'을 철저히 지킨 인물이다. 남북 전쟁이 한창일 때, 그의 친구들이 찾아와 대통령을 비난하는 사람들을 마구 욕했다. 그들 깐에는 친구인 링컨을 위한 답시고 한 이야기였다. 그러자 링컨은 슬쩍 미소 지으며 인용한 문장을 이야기했다. 링컨의 말에 친구들은 더 이상 험한 소리를 입에 담지 못했다. 링컨은 불필요한 감정을 손절매할 줄 아는 슬기로운 사람이었다.

『월든』의 작가 헨리 데이비드 소로도 마찬가지였다. 그는 자신의 일기에 '어떤 일의 가치는 거기에 들인 시간으로 판단한다.'라고 적었다. 그 글귀에는 우리가 쓸데없는 일에 지나치게 시간을 소비하면 안 된다는 교훈이 담겨 있다. 따라서 걱정과 분노 같은 것에도 적절한 감정 소비가 필요하다는 뜻이다. 다시 말해, 소로 역시 감정 소비가 지나치지 않도록 냉철히 손절매할 줄 알아야 한다는 점을 강조하고 있다.

벤자민 프랭클린(미국 정치인)

"그 후 나는 인간의 행동을 관찰하면서, '피리 값'을 지나치게 많이 치르는 이들을 자주 목격했다. 나는 사람들이 느끼는 불행의 원인 중 하나가 가치 판단을 잘못해 피리 값으로 너무 많은 것을 지불하는 데서 발생한다고 생각한다."

044

그 일에 대해 적절한 가치 판단을 하라

벤자민 프랭클린은 어린 시절의 실수를 평생 동안 기억했다. 그는 7살 무렵 피리를 너무나 좋아했다. 그래서 처음 피리를 사려고 혼자 장난감 가게로 갔다. 그는 가게 안으로 들어서자마자 저금통에서 꺼내 온 동전을 계산대 위에 전부 쏟아 부었다. 그리고는 가격도 묻지 않은 채 주인에게 피리를 달라고 졸라댔다. 주인은 제법 많은 동전을 아무 말 없이 모두 쓸어 담고 나서 피리를 내주었다. 프랭클린은 70년 후, 친구에게 이런 편지를 썼다.

'그날 나는 집으로 돌아와 신이 나서 피리를 불어댔지. 하지만 형과 누나들은 내가 제대로 흥정도 하지 않은 채 피리를 정가보다 비싸게 사 왔다는 사실을 알고 배꼽을 잡고 웃었어. 그 모습을 본 나는 스스로에게 화가 치밀고 짜증이 나서 한참 울어댔지.'

어린 시절 이후 많은 세월이 흘렀어도 프랭클린은 그때 일을 여전히 기억하고 있었다. 그는 유명 인사가 되고 나서도, 적절한 가치 판단이야말로 마음에 평화를 가져다주는 매우 중요한 원칙 중 하나라고 생각했다.

데일 카네기(미국 자기계발 강연자 · 작가)

"어떤 유익한 내용을 20명에게 가르치는 것은 쉽다. 하지만 나 역시 그렇게 가르친 내용을 실천해야 하는 20명 중 한 사람이 되는 것은 그보다 훨씬 어렵다"

데일카네기 가르침

과거의 잘못을 분석하고 아픔은 잊어라

몇 해 전, 나는 큰돈을 투자해 시작한 교육 사업에 실패했다. 그후 나는 걱정의 소용돌이에 휩쓸려 잠을 설치고 몸무게까지 쭉쭉 빠졌다. 이런 어처구니없는 일이 있나. 나는 어리석기 짝이 없게, 그동안 다른 사람들에게 그토록 강조했던 삶의 규칙을 나 자신에게는 제대로 적용하지 못했다. 그렇다, 나는 그때의 실패를 철저히 분석해 두 번 다시 똑같은 실수를 반복하지 않을 교훈을 얻어야 했다. 그리고는 실패를 잊고 다시 일상생활에 최선을 다해야 했다. 그것이 내가 그동안 많은 사람들 앞에서 이야기해 온 바람직한 삶의 자세였으니까.

이미 일어난 일을 걱정하는 것보다 어리석은 짓은 없다. 엊그제 일어난 일을 조금이나마 수습하기 위해 뭔가를 할 수는 있다. 하지만 이미 일어난 일 자체를 뒤바꿀 수는 없다. 과거가 건설적일 수 있는 길은 단 하나밖에 없다. 그것은 바로 조용히 과거의 잘못을 분석해 교훈을 얻은 뒤 실패의 아픔은 깨끗이 잊어버리는 것이다.

폴 브랜드와인(미국 조지워싱턴고등학교 교사)

"이미 엎질러진 우유는 후회해도 소용없다."

046

지난 잘못은 잊고 다음 일로 넘어가라

당신은 인용한 문장의 교훈이 너무 고리타분하다고 생각하나? 만약 그렇다면, 우리가 삶을 살아가며 반드시 새겨야 할 중요한 교훈은 무릇 뻔한 이야기 속에 깃들어 있다는 사실을 알아야 한다. 그처럼 언뜻 당연해 보이는 가르침에 귀를 닫는 사람치고 실수와 잘못을 반복하지 않는 사람이 드물다.

당시 브랜드와인 선생님은 과학 실험실에서 우유병을 들어 일부러 옆에 있는 싱크대에 쏟아버렸다. 그리고는 제자들을 향해 이렇게 말했다. "잘 봐라. 나는 여러분이 평생 이 교훈을 기억했으면 좋겠다. 우유는 이미 엎질러져 거의 다 하수구로 흘러 들어갔지? 아무리 난리를 치고 머리를 쥐어뜯어도 우유는 한 방울도 되돌릴 수 없단다. 물론 우리는 우유를 쏟지 않기 위해 조심스럽게 행동할 수 있지. 그런데도 안타깝게 우유를 쏟았다면 더는 어떻게 해볼 도리가 없는 거야. 상황을 되돌리기에는 너무 늦어버렸다는 말이지. 그러면 우리가 할 수 있는 것은 지난 잘못을 잊어버리고 다음 일로 넘어가 더욱 열심히 노력하는 거야."라고.

프레드 셰드(잡지 『필라델피아블리틴』 편집장)

"나무를 톱질해본 사람은 제법 있을 것입니다. 그러면 톱으로 나무가
아니라 톱밥을 켜본 사람도 있습니까?"

047

톱으로 톱밥을 켜려고 하지 마라

미국의 유명 잡지사 편집장 프레드 셰드가 한 대학 졸업식에 연설자로 초청받았다. 그가 뜬금없이 학생들에게 질문을 던졌다. "혹시 나무를 톱질해본 사람이 있습니까? 그런 경험이 있다면 손을 들어보세요." 그러자 몇몇 학생이 손을 번쩍 들었다. 편집장이 다시 물었다. "그렇다면 톱으로 나무가 아니라 톱밥을 켜본 사람도 있습니까?"

편집장의 질문에 이번에는 아무도 손을 들지 않았다. 말하나 마나, 누가 톱으로 톱밥을 켜겠는가. 나무에 톱질을 하면 쌓이는 것이 톱밥인데. 편집장이 학생들을 둘러보며 큰 소리로 다시 말했다. "물론 여러분은 톱밥을 켤 수 없습니다. 괜히 톱밥을 켤 일도 없고요. 이미 톱질이 끝났으니까요. 과거도 마찬가지입니다. 여러분이 이미 지나가버린 일을 걱정하기 시작하면, 톱으로 톱밥을 다시 켜려는 것과 다르지 않습니다." 편집장의 말에 졸업식장은 잠시 침묵에 잠겼다. 그리고는 곧 그의 말뜻을 알아챈 학생들이 우레와 같은 박수를 보내기 시작했다.

윌리엄 셰익스피어(영국 극작가)

"현명한 사람은 가만히 앉아 실수를 한탄하지 않는다. 현명한 사람은 즐거운 마음으로 이미 현실이 되어버린 손실을 만회할 방법을 찾는다."

048

나폴레옹도 전투에서 3분의 1은 패배했다

나는 『100문장으로 읽는 데일 카네기 인간관계론』에서 씽씽교도소를 몇 차례 언급한 적이 있다. 그곳의 교도소장을 만났을 때 이런 이야기를 들려주었다. "죄수들이 처음 교도소에 들어오면 억울해하며 분통을 터뜨리기 일쑤입니다. 하지만 몇 달 지나면 슬기로운 사람들은 자신의 불행을 잊고 교도소 생활에 차분하게 적응하지요. 사회에서 정원사로 일했던 한 죄수는 교도소를 온통 꽃밭으로 만들며 시간을 보내기도 했습니다. 그는 비록 죄를 지어 교도소에 갇히는 신세가 되었지만, 자기가 보람을 느끼는 일을 하며 유쾌하고 건강하게 수감 생활을 했지요."

교도소에 갇힌 죄수들도 갖는 삶의 태도를 우리가 실천하지 못할 이유는 없다. 사람들은 누구나 잘못을 범하고 실수를 저지르게 마련이다. 그렇다고 쓸데없이 눈물만 흘리며 한탄하는 것은 어리석은 짓이다. 그런 태도는 아무것도 변화시키지 못한다. 우리는 나폴레옹도 자신이 싸운 전투에서 3분의 1은 패배했다는 사실을 기억해야 한다.

랄프 에머슨(미국 사상가)

그 사람이 하루 종일 생각하고 있는 것이 바로 그 사람이다. "

049

데일카네기 가르침

인생은 생각하는 대로 만들어진다

내가 살아오면서 배운 가장 가치 있는 교훈은 '생각의 중요성' 이다. 누군가의 생각을 알면 그가 어떤 사람인지 알 수 있다. 우리의 생각이 우리를 만드니까. 우리의 정신 자세가 우리의 운명을 결정짓는 무엇보다 중요한 요소라는 뜻이다. 그렇다. 여러분이 행복한 생각을 하면, 어느새 여러분은 행복해질 것이다. 그와 반대로 여러분이 불행한 생각을 하면, 여러분은 실제로 불행해질 것이다. 여러분이 두려운 생각을 하면 두려워질 것이고, 자꾸 실패를 생각하면 분명히 실패하고 말 것이다. 그만큼 생각의 힘은 강력하다.

랄프 에머슨 외에도 생각의 중요성을 강조한 위인들이 많았다. 로마 제국을 통치한 황제이자 철학자 마르쿠스 아우렐리우스도 그중 한 사람이었다. 그는 "우리의 인생은 우리의 생각대로 만들어진다."라고 이야기했다.

데일 카네기(미국 자기계발 강연자 · 작가)

"내가 모든 문제에 대해 지나치게 낙관적으로 생각하는 것 같은가?
아니다. 불행히도 인생은 그렇게 단순하지 않다. 그럼에도 나는 우리
가 부정적인 생각보다는 긍정적인 생각을 가져야 한다고 주장한다.
다시 말해, 우리는 자신이 맞닥뜨린 문제에 대해 신경 써야지 아무런
계획과 노력도 없이 단지 걱정에만 빠져들어서는 안 된다는 말이다."

050

긍정적인 생각이
육체도 변화시킨다

생각은 육체에도 큰 영향을 끼친다. 영국 정신과 의사 하드필드는 『힘의 심리학』이라는 책에서 놀라운 사례를 소개했다. 그는 3명의 남자에게 양해를 구하고 실험에 들어갔다. 먼저 그들에게 악력계를 힘껏 쥐어보라고 했더니 평균 악력이 45.8킬로그램으로 측정되었다. 그리고 다시 3명의 남자에게 각각 다른 조건으로 두 번씩 최면을 걸었다. 첫 번째는 그들의 힘이 매우 약하다는 최면이었고, 두 번째는 그들의 힘이 매우 강하다는 최면이었다.

과연 그 결과가 어땠을까?

첫 번째 실험에서 3명의 남자는 평균 악력 13.2킬로그램이라는 결과를 보였다. 그리고 두 번째 실험에서는 평균 악력 64.4킬로그램을 나타냈다. 그러니까 3명의 남자는 단지 생각의 차이에 따라 자신들이 원래 가졌던 힘보다 훨씬 적거나 훨씬 강한 악력을 발휘했던 것이다. 결국 우리는 이 실험을 통해서도 긍정적인 생각의 중요성을 실감할 수 있다.

무명씨(데일 카네기 강좌에 참여한 수강생의 아버지)

"아들아, 너는 집에서 1천500마일이나 떨어진 곳에 있구나. 그런데 집에서와 별로 다를 바가 없지? 그것은 네가 문제의 원인을 데리고 갔기 때문이란다. 지금 네 몸과 마음에는 아무런 이상이 없다. 문제의 본질적인 원인은 너에게 닥친 상황이 아니라, 그 상황을 네가 어떻게 생각하느냐 하는 것이다. 명심해라. 그 사람이 생각하는 것이 바로 그 사람을 설명한단다. 네가 그런 사실을 깨닫는다면 그만 집으로 돌아와라. 너는 어디에서나 문제를 해결할 수 있단다."

데일카네기 가르침

가장 강한 자는 자기의 마음을 다스릴 줄 아는 사람

당시 내 강좌의 수강생은 심한 신경쇠약에 걸려 있었다. 자신의 외모와 직장을 비롯해 미래에 대해서도 걱정이 끊이지 않았기 때문이다. 그는 마음속에 긴장이 가득 들어차 자신이 마치 안전밸브 없는 보일러 같다고 느꼈다. 언제 압력이 치솟아 터져버릴지 모르겠다며 불안해했다. 그에게는 매일이 고통이었다. 모든 사람, 심지어 신에게서도 자신이 버림받았다고 생각했다. 그는 강물에 뛰어들어 죽고 싶다는 충동에 사로잡히기도 했다.

그러던 어느 날, 그는 낯선 풍경 속을 걷다보면 마음의 안정을 찾는 데 조금이나마 도움이 될까 싶어 플로리다로 여행을 떠났다. 그리고 며칠 후 집에 전화를 걸었다가 아버지로부터 인용한 문장의 조언을 들었다. 처음에 그는 아버지의 말이 탐탁지 않았다. 하지만 우연히 들어갔던 여행지의 한 교회에서 "자기의 마음을 다스릴 줄 아는 사람은 한 도시를 정복하는 자보다 강하다."라는 설교를 들은 뒤 아버지의 말에 공감했다.

존 밀턴(영국 시인)

"정신은 그 자체가 세계이니 / 그 안에서 지옥을 천국으로 / 천국을
지옥으로 만들 수 있다."

052

데일카네기 가르침

당신의 평화는
당신이 만든다

당신은 존 밀턴의 주장에 공감하나? 나폴레옹 보나파르트와 헬렌 켈러가 남긴 말을 비교해보아도 생각(정신)의 중요성을 알 수 있다.

"내 평생 행복했던 날은 6일도 되지 않는다." 나폴레옹이 세인트헬레나 섬에 유배당했을 때 했던 고백이다. 그는 모두가 부러워하는 영광을 누렸지만 자신이 불행하다고 생각했다. 그러니 아무리 삶이 화려해 보여도 결코 행복할 수 없는 것이다. "나는 인생이 너무도 아름답다는 것을 발견했습니다." 이것은 헬렌 켈러의 말이다. 그녀는 여러 장애를 안고 태어나 불우해 보이는 삶을 살았지만 자신의 삶을 긍정적으로 받아들여 스스로 행복을 찾았다.

그렇다면 나폴레옹과 헬렌 켈러 중 누가 더 평화롭고 보람된 삶을 살았을까? 나는 헬렌 켈러의 삶이 더 행복했을 것이라는 데 동의한다. 랄프 에머슨은 "평화를 주는 것은 당신 자신밖에 없다."라고 말했다.

미셸 몽테뉴(프랑스 철학자)

"사람은 어떤 일 때문에 상처받는 것이 아니라, 그 일에 대한 자신의 생각 때문에 상처를 받는다."

053

유쾌해지려면,
유쾌하게 행동하고 말하라

하버드대학 교수이자 철학자였던 윌리엄 제임스도 미셸 몽테뉴와 비슷한 이야기를 했다. 그는 "단지 생각을 달리 하는 것만으로도 행동을 바꿀 수 있다. 그리고 그것은 머지않아 우리의 감정까지 변화시킨다."라고 주장했다. 그는 또 "그러므로 유쾌함이 사라졌을 때 다시 유쾌해지기 위한 최고의 방법은 유쾌하게 행동하고 말하는 것이다."라고 덧붙였다.

그럼 여러분도 윌리엄 제임스의 처방을 한번 따라해 보자.
먼저, 얼굴에 환한 미소를 지어 보라. 그리고 어깨를 활짝 편 다음 숨을 깊게 들이마셔 보라. 다음에는 신나는 노래를 크게 불러 보라. 노래를 부를 수 없다면 휘파람이라도 실컷 불어 보라. 노래나 휘파람 대신 콧노래도 좋다. 그러면 여러분은 윌리엄 제임스의 말을 금방 이해하게 될 것이 틀림없다. 그렇게 몸으로 자꾸만 행복을 드러내면 마음과 생각도 더는 우울할 수가 없다. 그것은 우리가 경험할 수 있는 삶의 작은 기적 중 하나다.

제임스 알렌(영국 작가)

"우리가 주변 사물과 사람들에 대한 생각을 바꾸면, 자연스럽게 주변 사물과 사람들이 바뀐다. 다만 생각을 너무 돌발적으로 바꾸면 깜짝 놀랄 일이 벌어질 수 있다는 점에 주의해야 한다. 인간은 자신의 생각 대로 성취한다. 인간은 생각을 발전시키는 만큼 꿈을 이룬다. 생각의 변화와 발전을 거부하는 사람은 성공하기 어렵다."

054

데일카네기 가르침

'오늘만은'이라는 문장으로
시작하는 멋진 다짐

나는 강의하면서 시빌 패트릭의 글을 자주 인용한다. 10가지 항목으로 구성된 그의 글을 이번 장과 다음 장에 나누어 옮겨보면 다음과 같다.

'1. 오늘만은 나는 행복할 것이다. 사람들은 자기가 행복하려고 하는 만큼 행복하다. 행복은 내면에서 나온다. 행복은 환경의 문제가 아니다. 2. 오늘만은 나 자신을 기대치가 아니라 현실에 맞추겠다. 나의 가족, 나의 일, 나의 행운과 불운을 있는 그대로 받아들이고 나를 거기에 맞추겠다. 3. 오늘만은 내 몸을 무엇보다 소중히 돌보겠다. 내 몸을 혹사시키지 않을 것이며, 나만을 위한 내 몸이 되도록 노력할 것이다. 4. 오늘만은 내 마음을 강하게 만들겠다. 나는 유익한 것을 배우며, 정신적으로 게으름뱅이가 되지 않을 것이다. 나는 노력하고, 생각하고, 집중할 것이다. 5. 오늘만은 내 마음을 3가지 방법으로 훈련하겠다. 우선 다른 사람 몰래 친절을 베풀 것이다. 그리고 더불어 내가 원하지 않는 일 2가지를 해볼 것이다.'

윌리엄 제임스(철학자 · 미국 하버드대학 교수)

"우리가 악이라고 부르는 많은 것들이 있다. 그런데 우리의 마음을 두려움에서 투지로 바꾸기만 한다면 그것이 모두 선으로 변화할 수 있다."

걱정 대신 기쁨이 가득한
삶을 위하여

 시빌 패트릭의 글은 이미 수십 년 전에 발표한 글이지만 지금 읽어도 여전히 신선한 느낌을 갖게 한다. 10가지 항목 중 나머지 내용을 옮겨보면 다음과 같다.

 '6. 오늘만은 나는 누구 못지않게 유쾌한 사람이 되겠다. 최대한 활발하게 행동하고, 우아하게 말하며, 타인에게 비난 대신 칭찬을 건넬 것이다. 내 맘대로 다른 사람을 바로잡으려 하지 않을 것이다. 7. 오늘만은 내 인생의 문제를 한꺼번에 해결하려 들지 않고 하루를 충실하게 보내겠다. 사람은 평생 못할 일을 12시간 안에 해낼 수도 있다. 8. 오늘만은 계획표를 짜서 그대로 실천하겠다. 그러면 나의 성급함과 우유부단함을 치유하는 데 분명 도움이 될 것이다. 9. 오늘만은 다만 30분이라도 아무 일 하지 않고 나를 돌아보겠다. 그 30분 동안 내가 믿는 종교의 방식대로 간절히 기도해도 좋을 것이다. 10. 오늘만은 나는 두려움에 빠지지 않겠다. 특히 행복해지는 것을, 사랑하는 것을, 내가 사랑하는 사람들이 나를 사랑한다고 믿는 것을 두려워하지 않겠다.'

월리엄 셰익스피어(영국 극작가)

"너무 적의를 불태우지 마라. 그 불길이 곧 너를 태워버릴 테니."

056

데일카네기 가르침

증오와 복수심은
나를 고통받게 할 뿐

지금 미워하는 사람이 있나? 나 아닌 다른 사람을 미워하는 것이 이상한 감정은 아니다. 타인에게 미움을 갖지 않는 편이 낫지만, 그렇다고 해서 미움이 절대로 가져서는 안 될 감정은 아니라는 말이다. 그러나 미움이 심해져 증오로 변질되거나 어떤 일에 앙갚음을 하겠다는 복수심으로 나타나서는 안 된다. 내 마음의 증오와 복수심은 상대방을 아프게 하지 않는다. 그것은 나의 낮과 밤을 지옥으로 만들 뿐이다.

『성경』에 '원수를 사랑하라.'는 예수의 말씀이 기록되어 있다. '채소를 먹으며 서로 사랑하는 것이 소고기를 먹으며 서로 미워하는 것보다 낫다.'라는 구절도 있다. 누군가를 미워하면 나의 표정이 일그러져 얼굴에 주름이 늘어날 뿐이다. 증오와 복수심 때문에 내 삶이 고통받고 있다는 사실을 알면 오히려 상대방이 환호성을 내지를지 모를 일이다. 누군가를 증오하며 복수심을 키울 시간에 자신을 사랑하는 것이 행복과 건강, 아름다움을 지키는 길이다.

에픽테토스(고대 그리스 철학자)

"자기가 저지른 나쁜 짓에 대해 운명은 언젠가 대가를 치르게 만든다. 결국 모든 사람은 자신의 잘못에 대한 벌을 받을 것이다. 그 점을 명심한다면 굳이 다른 사람에게 화를 내는 쓸데없는 행동을 하지 말아야 한다. 어차피 대가를 치르고 벌을 받을 사람에게, 왜 내가 괜히 증오하고 복수심을 불태운단 말인가. 나는 분노하지 않을 것이고, 악의를 품지 않을 것이다. 나는 다른 사람을 탓하지 않고, 다른 사람을 증오하지 않을 것이다."

057

데일카네기 가르침

마음의 평화를 얻는
최고의 비결

상대방을 증오할 시간이 있으면 그를 불쌍히 여겨 내가 쓸데없는 감정 낭비에 빠져들지 않도록 하는 편이 낫다. 내가 미워하는 상대방에게 저주와 복수를 퍼붓는 대신 그들을 이해하고 용서하며, 나아가 그들을 위해 기도할 수 있다면 더 바랄 나위 없을 것이다.

나는 저녁마다 『성경』 구절을 따라 읽고 가정기도문을 외우는 가정에서 자라났다. 나는 아직도 아버지가 시골집에서 나지막이 『성경』을 읽어주시던 목소리를 또렷이 기억한다. "적을 사랑해라. 너희를 저주하는 사람들을 축복하고, 너희를 미워하는 사람들을 성심껏 대해 주어라. 너희를 모욕하고 핍박하는 사람들을 위해 기도해라." 실제로 나의 아버지는 예수 그리스도의 가르침을 실천하려고 애썼다. 그리고 그와 같은 삶의 자세를 통해 마음의 평화를 얻는 축복을 누렸다.

드와이트 아이젠하워(미국 제34대 대통령)

"나는 싫어하는 사람들을 생각하느라 단 1분의 시간도 낭비하고 싶지 않다."

058

데일카네기 가르침

나 자신을 위해
상대방을 용서하라

대부분의 인간이 성인군자처럼 미움의 대상을 사랑하기는 어렵다. 하지만 나 자신을 위해 상대방을 용서하며 증오와 복수심을 가라앉힐 수는 있다. 누구나 궁극적으로는 미움보다 자기 자신을 사랑하는 마음이 더 강하니까. 미국 속담에 '바보는 화를 내지 못하지만 현명한 사람은 화를 내지 않는다.' 라는 것이 있다. 중국의 공자는 "도둑을 맞거나 모함을 당해도 내가 기억하지만 않으면 아무것도 아니다." 라고 말했다.

그와 같은 삶의 지혜를 제대로 실천했던 사람이 바로 에이브러햄 링컨이다. 사실 링컨만큼 다른 사람들에게 험한 욕을 듣고 자주 배신당한 사람도 드물다. 그럼에도 링컨은 자신이 좋아하고 싫어하는 감정에 따라 타인을 판단하지 않았다. 과거에 자신을 헐뜯거나 무시했던 사람이라 하더라도 그 자리에 적합하다고 판단하면 링컨은 즉시 그를 관리로 임명했다. 또한 자신의 결정에 반대하는 의견을 낸다고 해서 함부로 해임하지도 않았다.

새뮤얼 존슨(영국 시인)

"감사는 교양의 결실이다. 교양이 없는 사람에게서는 감사를 찾을 수 없다."

059

호의를 베풀고 감사를 기대하지 마라

나는 최근에 한 사업가를 만났다. 그는 11개월이나 지난 일로 아직도 잔뜩 화가 나 있었다. 자기 회사 직원들에게 크리스마스 보너스를 2천 달러씩 주었는데 아무도 감사 인사를 하지 않는다는 것이 그 이유였다. "이럴 줄 알았으면 직원들에게 한 푼도 주지 말 걸 그랬어요!" 나는 그 푸념을 들으며 사업가가 좀 답답해 보였다. 왜냐하면 그는 인간의 본성을 잘 모르고 자신의 호의에 대해 감사를 기대하는 실수를 저질렀기 때문이다.

원래 인간은 선의를 베푼 사람의 기대와 달리 그것을 받은 사람은 별일 아닌 것으로 생각하기 십상이다. 심지어 인간은 자신의 목숨을 구해준 사람에게도 감사 표현을 잊을 때가 있다. 그것이 어쩔 수 없는 인간의 본성이다. 내가 인간의 본성을 너무 부정적으로 말해 마음이 아픈가? 하지만 나의 주장은 명백한 현실이다. 옛날에도 그랬고, 앞으로도 그런 인간의 본성이 달라질 가능성은 거의 없다.

마르쿠스 아우렐리우스(로마 제국 제16대 황제)

"나는 오늘도 지나치게 이기적이면서 감사할 줄 모르는 사람들을 만날 것이 틀림없다. 하지만 그런 사람들이 없는 세상은 상상할 수 없기 때문에 나는 조금도 놀라거나 기분 나빠하지 않을 것이다."

감사하지 않는 사람에게 불쾌 해하지 마라

유명한 변호사였던 사무엘 라이보비츠는 사형 선고를 받을 수 있는 피고인들을 열심히 변호해 형량을 크게 줄여 주었다. 변호사로 활동한 수십 년 동안 적어도 78명 정도는 그의 변호 덕분에 목숨을 건졌다고 해도 틀린 말이 아니다. 하지만 그들 가운데 몇 명이나 라이보비츠에게 감사 인사를 전했을까? 놀랍게도, 편지로나마 감사 인사를 한 사람은 단 2명뿐이었다. 내가 앞서 말했듯, 그것이 인간의 본성이다.

그러한 인간의 본성 앞에서, 나는 마르쿠스 아우렐리우스와 같은 마음가짐을 갖는 것이 바람직하다고 생각한다. 괜히 감사할 줄 모르는 사람들에 대해 불평하며 돌아다녀봐야 아무 소용없는 일이니까. 한마디로 말해, 내가 누군가에게 호의를 베풀었다고 해도 감사 인사를 기대하지 않는 편이 현명하다는 뜻이다. 그러다가 가끔 누가 감사 인사를 정중히 전해오면 더욱 기분이 좋겠지. 설령 아무에게도 감사 인사를 받지 못한다고 해도 크게 마음이 상하지는 않을 테고.

데일 카네기(미국 자기계발 강연자 · 작가)

"케일리, 너는 친구의 진심을 헤아리지 못하는구나. 네가 언젠가 베풀었던 호의에 대해 꼭 감사 인사를 받아야 한다고 생각하는 거니? 옛말에 '어린아이는 귀가 밝다.'라고 했어. 너는 집에 있는 아이들을 봐서라도 그렇게 행동하면 안 돼. '친구가 크리스마스 선물로 행주를 보냈네. 이걸 만드느라 시간이 참 많이 걸렸겠다. 고맙다고 전화라도 해야겠는걸.'이라고 말했으면 얼마나 좋았겠니? 그래야 너의 자녀도 감사의 의미를 제대로 배울 수 있고 말이야."

061

상대방이 어떻게 하든
예의를 갖춰라

나는 크리스마스 날 사촌 집에 갔다가 보았던 광경이 지금도 잊히지 않는다. 그날 사촌에게 친구의 선물이 담긴 소포가 도착했다. 잔뜩 기대하는 얼굴로 그것을 뜯어 본 사촌의 입에서 투덜거리는 소리가 새어나왔다. "쳇, 얘는 친구를 위해 단돈 10달러도 안 쓴다니까! 크리스마스라고 보내 온 선물이 이게 뭐야?"

내가 소포를 살펴보니 친구의 선물은 집에서 직접 만든 몇 장의 행주였다. 거기에는 돈으로 따지기 어려운 정성이 깃들어 있었다. 그럼에도 사촌은 자기가 예전에 베풀었던 호의를 떠올리며 몹시 기분 나빠 했다. 그날 나는 사촌의 행동을 모른 척 지나칠 수 없었다. 그래서 단호하게 인용한 문장을 이야기했다. 다행히 사촌은 나의 충고를 잘 받아들였다. 상대방에게 감사 인사를 받고 싶다면, 내가 먼저 상대방에게 감사 인사를 전할 줄 알아야 한다. 그리고 상대방이 내게 감사 인사를 하지 않는다고 해도 서운해 하지 말아야 한다.

에디 리켄배커(미국 공군 전투기 조종사)

"나는 망망대해 태평양을 표류하면서 큰 교훈을 얻었습니다. 그것은 다름 아니라, 목마르면 마실 수 있는 물이 있고 배고프면 먹을 수 있는 음식이 있는 한 세상 어떤 일에도 불평하면 안 된다는 깨달음이었습니다."

062

작고 사소한 축복에
감사하라

에디 리켄배커는 매우 흔치 않은 경험을 했다. 그는 몇 명의 동료 군인들과 함께 무려 21일 동안 뗏목을 타고 태평양을 표류했다. 그들에게는 약간의 물과 식량만 남아 모든 것을 아끼고 또 아껴야 했다. 그늘 한 점 없는 뜨거운 태양빛에 괴로워하며 타오르는 갈증과 굶주림을 견뎌야 했다. 마침 바다를 지나던 선박 덕분에 가까스로 목숨을 건지지 못했다면 리켄배커는 틀림없이 목숨을 잃고 말았을 것이다. 그 사건 이후, 그는 기회 있을 때마다 사람들에게 인용한 문장을 이야기했다.

사람들은 흔히 리켄배커처럼 심각한 위기가 닥쳤을 때 비로소 삶의 진정한 가치를 발견하고는 한다. 그제야 자기의 평범한 일상이 더없는 행복이라는 사실을 깨닫는 것이다. 우리는 지금 자신이 누리고 있는 작고 사소한 축복에 감사할 줄 알아야 한다. 괜히 문제점만 크게 생각해 절망에 빠져 지낼 필요가 없다.

아르투어 쇼펜하우어(독일 철학자)

"사람들은 자신이 가진 것은 생각하지 않고, 항상 자기에게 없는 것을 생각한다."

063

데일카네기 가르침

자기가 가진 삶의 재산을 제대로 평가하라

보통 우리의 삶에서 90퍼센트 정도는 아무런 문제가 없다. 우리에게 걱정거리가 되는 것은 10퍼센트 안팎이다. 그러니 여러분이 행복해지고 싶다면, 아무런 문제 없는 90퍼센트에 충실하면서 문제 있는 10퍼센트를 하나씩 차분히 해결해가면 된다. 필요 이상 걱정하면서 문제 있는 10퍼센트에 안달복달 매달릴 필요가 없다.

여러분은 누가 10억을 준다고 해서 두 눈을 팔겠나? 여러분의 가족을 돈이나 명예와 바꿀 수 있나? 가만히 생각해 보라. 여러분은 이미 억만장자가 가진 재산을 소유하고 있는 것이다. 여러분의 두 눈과 가족은 오직 여러분만 가진 것이다. 그럼에도 우리는 왜 이토록 소중한 삶의 재산을 제대로 평가하지 않는지 모르겠다. 우리에게 이미 있는 것은 생각하지 않고 우리에게 없는 것을 간절히 바라는 것이야말로 최대의 비극이라 할 만하다. 그런 삶이 행복할 가능성은 거의 없다.

안젤로 패트리(이탈리아 출신 미국 교육자)

"정신적 · 육체적으로 자기 이외의 다른 어떤 인간이 되고자 애쓰는 사람만큼 비참한 사람은 없다."

자기 자신을 있는 그대로 긍정하라

지구상에 똑같은 사람은 아무도 없다. 그럼에도 내가 아는 에디스 올레드 부인은 어린 시절부터 남들과 자신을 비교하며 열등감에 시달렸다. 그런 성격은 결혼한 후에도 달라지지 않아 얼핏 완벽해 보이는 시댁 식구들 사이에서 괜히 주눅들 때가 많았다. 그러던 어느 날, 그녀는 시어머니의 말을 듣고 인생관이 크게 바뀌었다. 그녀가 이렇게 말했다.

"시어머니는 내게 당신의 자식들을 어떻게 키웠는지 말씀하셨어요. 그 핵심은 '나는 항상 아이들에게 자기 모습대로 살라고 가르쳤단다.'라는 것이었지요. 자신을 긍정하며 자기 모습대로 사는 것! 바로 그것이었어요. 그동안 나는 어울리지 않는 틀에 나를 억지로 끼워 맞추려고 안달했기 때문에 불행했지요. 그날 이후 나는, 나의 모습 그대로 살기 시작했어요."

올레드 부인의 깨달음처럼 모든 인간은 자기 자신의 모습대로 살아야 한다. 그렇게 하지 않는다면 노이로제와 정신병, 콤플렉스에 빠져 허우적대기 십상이다.

샘 우드(미국 영화감독)

"대중들은 이미 클라크 게이블이나 라나 터너의 매력을 충분히 맛봤어. 그런데 또 다른 배우가 나타나 그들을 흉내 내면 질려 한다고. 대중들은 언제나 개성 있는 배우의 색다른 연기를 바라고 있어."

데일카네기 가르침

흉내 내지 말고
자신의 개성을 지켜라

자기 자신이 아닌 다른 어떤 사람이 되고자 하는 욕구는 영화계에서도 두드러진다. 「누구를 위하여 좋은 울리나」 등을 연출한 할리우드 감독 샘 우드는 신인 배우들이 자기 본연의 모습을 갖도록 설득하는 것이 매우 어렵다고 털어놓은 적이 있다. 그는 신인 배우들이 이미 명성을 얻고 있는 스타들의 연기, 나아가 제스처까지 따라하려 한다고 꼬집었다. 우드는 그런 신인 배우들에게 당시 스타 배우들의 이름을 예로 들며 인용한 문장을 이야기했다.

그때 실제로 한 배우는 인기가 높았던 여러 배우들의 장점을 연구해 자신의 연기를 바꾸려고 시도했다. 그러자 자기가 기존에 갖고 있던 장점은 다 사라지고 이것도 저것도 아닌 이상한 연기를 하게 됐다. 원래 의도는 나쁘지 않았지만, 자기를 부정하며 다른 사람들의 장점만 좇는 삶이 성공하기는 어려운 법이다. 무엇을 하며 살아가든 자신의 개성을 지키며, 자기가 가진 장점을 긍정하는 자세가 필요하다.

데일 카네기(미국 자기계발 강연자 · 작가)

"이따금 실수하고 한계도 있겠지만, 너는 데일 카네기 자신이 되어야 해. 너는 다른 누구도 될 수 없고, 다른 누구도 네가 될 수 없어."

066

직접 경험하고
관찰한 것이 중요해

옆에 인용한 문장은 스스로 나 자신에게 했던 충고다.

몇 년 전, 나는 대중 연설에 관한 최고의 책을 쓰겠다고 결심해 집필을 시작했다. 그런데 그만 어리석은 짓을 벌이고 말았다. 그게 무슨 말이냐고?

나는 다른 작가들의 생각을 빌려 와 나의 원고에 전부 집어넣으려고 했다. 대중 연설에 관한 책을 모조리 구해 그 저자들의 생각을 원고에 담으려고 노력한 것이다. 하지만 머지않아 내가 바보짓을 하고 있다는 판단이 들기 시작했다. 다른 사람들의 생각을 뒤죽박죽 집어넣은 원고는 재미도 없고 모조품에 불과해, 어느 누구도 내 책을 읽지 않을 것 같았다. 그래서 나는 오랜 시간 작업한 원고를 과감히 쓰레기통에 버리고 처음부터 다시 시작하기로 마음먹었다. 그때부터 나는 직접 경험한 것, 내가 대중 앞에서 강의하며 직접 관찰하고 느낀 것을 기반으로 대중 연설에 관한 책을 썼다. 그리고 얼마 후, 그렇게 완성한 결과물에 스스로 보람을 느꼈다.

랄프 에머슨(미국 사상가)

"타인에 대한 질투와 모방은 결국 자기 자신을 해치게 된다. 우주에는 온갖 좋은 것이 넘쳐나지만, 자신에게 주어진 작은 경작지에서 수고하지 않으면 옥수수 한 톨 얻지 못한다. 자기 자신에게 깃들어 있는 힘은 세상에서 유일한 것이다. 자기가 무엇을 할 수 있는지는 오직 자신만이 대답할 수 있다."

067

자기 자신만의
작은 정원을 가꿔라

심리학자들은 인간이 자신에게 잠재되어 있는 능력의 10퍼센트도 채 발휘하지 못한다고 주장한다. 그들은 인간이 신체적 · 정신적 능력의 극히 일부만을 사용하고 있을 뿐이며, 자신의 잠재력에 한참 못 미치는 삶을 살고 있다고 말한다.

그렇다. 우리는 저마다 많은 능력을 갖고 있다. 그러므로 우리는 다른 사람과 같지 않다고 걱정하며 타인을 흉내 내는 데 단 1초도 낭비해서는 안 된다. 당신은 이 세상에 단 하나뿐인 유일한 존재이기 때문이다. 태초부터 당신과 똑같은 사람은 없었고, 앞으로도 결코 없을 것이다. 당신은 유일한 존재로서 자기 자신을 긍정해야 한다.

단언컨대, 모든 삶은 그 자체로 가치가 있다. 그것은 자연이 우리에게 준 최고의 선물이다. 오직 자신만이 자기의 삶을 노래할 수 있다. 당신의 개성, 경험, 환경이 세상에 유일한 당신의 존재를 만들어낸다. 우리는 자기 자신만의 작은 정원을 가꿔야 한다.

더글러스 말록(미국 시인)

'우리 모두 다 선장이 될 수는 없다. / 선원이 되는 사람도 있어야 한다. / 모두에게 각자 할 일이 있다. / 큰 일도 있고 작은 일도 있지만 / 우리가 해야 하는 일은 주변 어디에나 있다. / 큰 길이 안 된다면 오솔길이 되어라. / 태양이 될 수 없다면 행성이라도 되어라. / 이기고 지는 것은 크기로 결정되지 않는 법. / 당신의 자리가 어디든 최고가 되어라.'

068

자기를 숨기거나 과장하지 마라

얼마 전 나는 대기업 인사 담당자 폴 보인튼을 만났다. 그는 지금까지 수많은 사람들의 서류를 검토하고 면접한 경험을 바탕으로 취업 성공에 관한 책을 쓰기도 했다. 내가 그에게 질문했다. "구직자들이 가장 흔하게 저지르는 잘못이 무엇인가요?" 그가 대답했다. "뭐니 뭐니 해도 면접관의 비위를 맞추기 위해 눈치를 보는 것이지요. 그러니까…… 자기 자신이 아닌 다른 사람인 척 숨기고 과장한다는 말입니다. 솔직하고 겸손하게 답하기보다 면접관의 입맛에 맞는 멋진 답변을 내놓기 위해 노심초사하지요."

그의 말은 한마디로 구직자들이 거짓된 태도를 보이면 안 된다는 조언이었다. 아무도 가짜를 원하지 않으니까. 인사 담당자들은 자기 자신을 제대로 알고, 자기 자신을 긍정하는 사람을 신입 사원으로 뽑고 싶어 한다는 의미였다. 그러니 우리는 자기 자신을 부끄러워하며 가식적인 태도를 보이지 말아야 한다. 회사에서는 오히려 '선원'과 '오솔길'과 '행성' 같은 인재를 필요로 할 수 있다.

줄리어스 로젠월드(미국 시어스로벅앤드컴퍼니 대표)

"레몬을 받으면 레모네이드로 만들어라!"

069

데일카네기 가르침

운명을 슬기롭게
받아들이는 자세

인용한 문장은 상징적 의미를 담고 있다. 자신에게 레몬처럼 시큼한 운명이 닥치더라도 슬기롭게 받아들여, 오히려 레모네이드라는 달콤한 성과를 거두라는 뜻이다.

그런데 많은 사람들이 로젠월드의 말과 정반대의 삶을 살고는 한다. 가령 인생이 레몬을 주면 그것을 신경질적으로 내팽개치면서 "이건 최악의 운명이야. 나는 실패했어!"라고 소리치는 식이다. 그리고 그들은 세상을 원망하며 절망감에 빠져든다. 그와 달리 슬기로운 사람들은 운명이 건넨 레몬을 기꺼이 받아들며 이렇게 말한다. "나는 이 난관에서 무엇을 배울 수 있을까? 어떻게 해야 지금의 상황을 바람직한 방향으로 개선할까? 어떻게 이 레몬을 레모네이드로 바꿀까?"라고.

인생을 살아가다 보면 이런저런 운명에 맞닥뜨리게 된다. 그중 어떤 운명은 견디기 힘들 만큼 맵고 쓰게 마련이다. 또 어떤 운명은 너무 시어서 얼굴을 잔뜩 찡그릴 수밖에 없다. 그럴 때 우리는 레몬을 레모네이드로 바꾸겠다는 마음가짐을 가져야 한다.

알프레드 아들러(오스트리아 정신의학자 · 심리학자)

"인간은 마이너스를 플러스로 바꾸는 놀라운 능력을 가진 존재다."

070

고난 속에서 미소를 되찾는 놀라운 능력

나는 자신에게 닥친 마이너스의 운명을 플러스의 현실로 바꾼 청년을 만났다. 그는 하루 종일 휠체어에 앉아 생활하면서도 미소를 잃지 않았다. 그는 24살의 나이에 자동차 사고로 하반신 마비가 와 다시는 걷지 못하게 되었다고 말했다. 그도 처음에는 운명을 저주하며 하루하루 절망에 빠져 지냈다. 툭하면 분노를 드러내 주위 사람들에게 화풀이를 하고는 했다.

그러던 어느 날, 청년은 거울에 비친 자신의 모습을 가만히 바라보다가 이미 닥친 운명에 저항할수록 삶이 더욱 비참해진다는 데 생각이 미쳤다. 그날 이후 그는 완전히 다른 사람이 되었다. 불편한 몸을 무릅쓰고, 가능한 한 주변 사람들을 배려했다. 독서와 음악에도 관심을 기울였다. 설령 자신의 힘으로 어쩔 수 없는 어려움에 맞닥뜨리더라도 미소만큼은 잃지 않으려고 노력했다. 그러다 보니 점점 운명을 긍정적으로 받아들이게 되었다. 나는 청년의 사연을 들으며 크게 감동했다. 그는 인생의 승리자였다.

윌리엄 보리소(미국 작가 · 자유기고가)

"인생에서 가장 중요한 것은 이익을 얻는 그 자체가 아니다. 어떤 바보라도 그런 일은 시도할 수 있다. 진짜 중요한 것은 손해에서 이익을 창출하는 것이다. 이것은 지혜가 필요하다. 이 능력이 현명한 사람과 바보를 구분 짓는다."

시련이 인생을
단련시킨다

그동안 나는 성공적인 인생을 살아간 사람들을 연구하면서 놀라운 사실 하나를 알게 됐다. 그들은 대부분 역경을 견뎌냈을 뿐만 아니라 역경을 사랑했다는 점이다. 역경이 그들을 더욱 분발하게 만들어 인생의 참다운 결실을 맺게 한 것이다. 존 밀턴은 시각 장애가 있어 더 좋은 시를 쓸 수 있었고, 루트비히 판 베토벤은 청각 장애가 있어 더욱 훌륭한 음악을 창작했다고 말할 수 있다. 그들 모두 자신에게 닥친 불우한 운명을 극복하기 위해 다른 사람들보다 몇 배 더 치열하게 노력했다.

'북풍이 강인한 바이킹을 만들었다.' 이것은 북유럽 스칸디나비아 사람들이 자주 하는 말이다. 여기서 북풍이란, 북극에서 휘몰아쳐 오는 몹시 차가운 바람을 가리킨다. 그러니까 이 말은 자연이 가져다 준 견디기 힘든 고난이 스칸디나비아 민족을 더욱 강하게 단련시켜 누구와도 싸워 지지 않는 용맹한 바이킹을 만들었다는 뜻이다

올레 불(덴마크 바이올린 연주자)

"오늘 우리는 연주회장에서 인생을 제대로 느꼈습니다. 바이올린 줄
하나가 끊어져도 남은 3개의 줄로 연주를 마쳐야 하는 것이 인생이 아
닐까요, 여러분?"

072

긍정적인 생각이 희망을
지켜낸다

바이올린 연주자 올레 불이 프랑스에서 공연했을 때의 실화다. 그가 한창 음악에 심취해 연주하고 있는데 심각한 사건이 벌어졌다. 아 글쎄, 바이올린의 줄 하나가 갑자기 끊어지고 말았지 뭔가. 그날따라 다른 바이올린으로 교체하는 것이 마땅치 않은데다, 관객들의 집중력을 흐트러뜨리지 않고 싶었던 불은 그대로 남은 3개의 줄로 연주를 마쳤다. 그의 노련한 솜씨 덕에 다행히 이렇다 할 문제는 없었다.

잠시 뒤, 공연을 모두 끝낸 불은 관객들에게 당시 상황을 설명하며 양해를 구했다. 그리고는 인용한 문장을 덧붙여 이야기했다. 올레 불의 말에 관객들은 다시 한 번 큰 박수를 보내 주었다. 그는 공연 중에 자신에게 던져진 레몬을 멋지게 레모네이드로, 마이너스를 플러스로 탈바꿈시켰던 것이다.

알프레드 아들러(오스트리아 정신의학자 · 심리학자)

"매일 어떻게 하면 남을 기쁘게 해줄지 생각해보세요. 그러면 당신은 2주 안에 놀랄 만큼 우울증이 사라질 것입니다. 아울러 당신이 하고 싶지 않은 일은 절대로 하지 마세요."

073

평화롭고 행복한
마음을 갖는 방법

어느 날 한 환자가 알프레드 아들러를 찾아와 심리 상담을 했다. 그는 평소 우울증에 시달리는 사람이었다. 아들러는 그에게 평화롭고 행복한 마음을 찾는 데 도움이 될 처방을 내려주었다. 인용한 문장이 바로 그 내용이다.

알프레드 아들러는 남을 기쁘게 하는 선행에 놀라운 힘이 있다고 보았다. 다른 사람들을 기쁘게 하다 보면 우리가 지나치게 자기 자신에 대해 생각하는 것을 멈추게 되니까. 그것은 곧 스스로에 대한 걱정과 두려움, 우울증에서 벗어나게 된다는 의미였다. 그렇다면 아들러는 왜 "당신이 하고 싶지 않은 일은 절대로 하지 마세요."라고 덧붙였을까? 자기가 하고 싶은 일을 하는 것에 비해, 하고 싶지 않은 일을 하지 않는 것은 소극적인 태도로 보인다. 하지만 아들러는 그 과정을 통해 환자가 자존감을 갖게 된다고 보았다. 억지로 무엇을 하기보다는 어떤 일을 스스로 하지 않아 더 빨리 자신에 대한 만족감을 되찾는다는 의미다.

벤자민 프랭클린(미국 정치인)

“남에게 선행을 베풀 때, 인간은 스스로에게 최선을 다하는 것이다.”

074

부메랑처럼 되돌아오는 선행의 효능

벤자민 프랭클린이 말한 타인에 대한 선행이 꼭 거창한 것을 의미하지는 않는다. 우리가 일상생활을 하면서 만나는 사람들에게 내보이는 작은 친절과 예의가 모두 선행에 포함된다. 이를테면 마트 계산원에게 먼저 인사를 건네는 것, 음식을 가져다준 식당 종업원에게 고맙다고 말하는 것, 기다리던 물건을 배달해준 택배 기사에게 시원한 물 한잔을 대접하는 것 등이 모두 타인을 위한 선행이다.

그러니까 벤자민 프랭클린이 이야기하는 선행은 타인에 대한 엄청난 희생을 요구하는 것이 아니다. 또한 그는 사람들의 선행을 통해 이 사회를 탈바꿈시키는 어떤 개혁을 기대하는 것도 아니다. 그가 이야기하는 선행은 우리가 당장 내일 아침부터 만나는 주변 사람들에게 작은 친절을 베풀라는 것이다. 그러면 그것이 오히려 선행을 베푸는 우리에게 더 큰 자부심과 만족감, 나아가 행복감을 느끼게 한다는 말이다.

시어도어 드라이저(미국 작가)

“만일 인생에서 기쁨을 얻고자 한다면, 자신의 삶뿐만 아니라 다른 사람의 삶도 좀 더 나아지도록 노력해야 한다. 나의 행복은 결국 다른 사람과 함께하는 생활 속에서 만들어지기 때문이다.”

075

장미를 건네는 손에서는 장미향이 난다

어쩌면 당신은 이렇게 생각하고 있을지 모른다. '나는 너무나 평범한 삶을 살고 있어. 매일 하루에 8시간씩 지겨운 일에 시달릴 뿐, 일상에 즐거움을 줄 극적인 사건은 절대로 일어나지 않아. 그런데 남을 돕는 데 흥미를 가지라고? 대체 그럴 이유가 어디에 있지?'

하지만 나는 여러분이 행복은 전염된다는 사실을 하루빨리 깨닫게 되기를 바란다. 즉 타인에게 주는 것이 내가 받는 것이라는 사실을 이해하면 좋겠다. 다른 사람을 도와주고 사랑을 베풀면, 나를 괴롭히는 걱정과 슬픔과 자기연민이 사라지는 놀라운 경험을 하게 된다.

"장미를 건네는 손에서는 장미향이 난다." 중국 속담이다. 결국 내가 다른 사람의 삶을 좀 더 낫게 만들기 위해 노력하면 나의 삶에서 장미 향기가 나게 마련이다. 누구나 단 한 번 인생을 산다. 인생은 흐르는 강물처럼 빠르게 지나간다. 그러니 다른 사람을 위한 선행에 머뭇대지 마라. 그런 일을 주저하거나 게을리 해서는 안된다.

프랜시스 베이컨(영국 철학자)

"얄팍한 철학 지식은 생각을 무신론으로 기울인다. 하지만 심오한 철학 지식은 인간의 마음을 다시 종교로 되돌린다."

076

종교가 삶의 버팀목이
될 수 있어

나는 한때 교회 목사들이 가르치던 편협한 주장에 대해 의문을
갖기 시작했다. 월트 휘트먼처럼 "내 안에서 알 수 없는 의문이
불쑥불쑥 생기는 것을 느꼈다."고 말할 수 있다. 나는 무엇을 믿
어야 할지 몰랐다. 더 이상 기도를 하지 않았다. 나는 불가지론자
가 되었다.

그러던 어느 날, 나의 머릿속에 한 가지 생각이 스쳐 지나갔다. 우
리가 전기의 신비를 이해하지 못한다고 해서 그것을 이용하지 못
하는 것은 아니지 않나. 그러니 종교의 신비를 이해하지 못한다고
해서 종교가 가져다주는 풍요롭고 행복한 삶을 즐기지 못할 이유
가 없었다. 나는 종교로 다시 돌아왔다. 나는 종교의 새로운 의미
로 한 걸음 전진했다. 나는 기독교 내부의 각 종파가 주장하는 것
에 조금의 관심도 없다. 오로지 종교를 통해 내 삶이 더 풍요롭고
충실하고 행복해지는 데 관심을 가질 뿐이다. 그처럼 종교는 우리
의 삶에 무엇보다 훌륭한 버팀목이 될 수 있다. 종교는 내게 더없
는 정신적 가치를 부여해준다.

『성경』 마태복음 중에서

'구하라! 그러면 너희에게 주실 것이요, 찾으라! 그러면 찾을 것이요, 문을 두드리라! 그러면 너희에게 열릴 것이니 구하는 이마다 얻을 것이요, 찾는 이가 찾을 것이요, 두드리는 이에게 열릴 것이니라.'

077

데일카네기 가르침

기도하면 몸과 영혼이 치유받는다

나는 기독교 신자다. 그 관점에서 기도의 힘을 이야기하고 싶다. 그런데 그에 관해서는 나의 견해보다 과학자에게 주어지는 최고의 영예인 노벨상을 수상한 알렉시스 캐럴 박사의 생각을 전하는 편이 더 효과적일 듯하다. 그는 한 인터뷰에서 이렇게 말했다.

"기도는 인간이 낼 수 있는 가장 강력한 형태의 에너지다. 그것은 지구 중력만큼이나 실제적인 힘이다. 기도는 라듐처럼 빛을 내며 스스로 에너지를 발생시키는 에너지원이다. 기도를 통해 인간은 모든 에너지의 근원이 되는 무한한 힘이 자신을 향하게 함으로써 자기가 가진 유한한 에너지를 증대시킨다. 우리는 이 힘이 우리의 가장 취약한 부분에 닿기를 소망한다. 기도를 하면서 인간의 부족함은 채워지고, 병든 몸과 영혼이 힘을 얻어 치유의 기적을 일으킨다. 간절히 기도하면, 우리의 몸과 영혼은 틀림없이 건강하게 변화한다."

나는 캐럴 박사의 생각에 전적으로 동의한다.

윌리엄 제임스(철학자 · 미국 하버드대학 교수)

"설령 큰 파도가 치더라도 심연은 결코 흔들리지 않는다. 그와 마찬가지로 크고 영원한 진리를 믿는 사람에게 시시각각 변하는 운명의 부침은 별 의미가 없다. 신앙이 깊은 사람은 흔들리지 않고 냉정함을 잃지 않으며, 운명이 요구하는 의무에 차분하게 대비한다."

078

자신이 간절히 의지하는 신에게 기도하라

종교에 관한 이야기를 하나 더 하겠다. 종교 생활 중 가장 대표적인 행위라면 단연 기도라고 말할 수 있다. 그렇다면 기도의 효능은 무엇일까?

기도는 지금 우리를 괴롭게 하는 것이 무엇인지 정확히 말로 표현하게 도와준다. 기도는 우리의 문제를 하나씩 종이에 차분히 적어 내려가는 것과 아주 비슷하다. 또한 기도는 우리의 짐을 자기 혼자 지는 것이 아니라 누군가와 나누어서 진다는 느낌을 갖게 한다. 무거운 짐을, 우리를 괴롭히는 심각한 문제를 전적으로 혼자 감당할 정도로 강한 사람은 없다. 마지막으로 기도는 실천을 가능하게 해준다. 기도는 실천으로 가는 첫 단계다. 무언가를 이루게 해달라고 매일 기도하는 사람은 실제로 그 일을 이루어내고야 만다. 그러니 당신도 기도를 한번 해보는 것이 어떤가? 하나님이라고 부르건, 부처님이라고 부르건, 알라라고 부르건 자신이 간절히 의지하는 신에게 말이다.

무명씨(시카고대학 총장 로버트 허친스의 아버지)

"여러분이 나보다 더 걱정이 큰 것 같군요. 하지만 나도 그렇고 아들도 그렇고 그런 비난에 흔들릴 만큼 나약하지 않습니다. '죽은 개는 아무도 걷어차지 않는다.'라는 말도 있지 않습니까? 이게 다 나의 아들이 열심히 노력해 성공한 대가라고 생각하면 그만입니다."

079

성공했으니까
질투와 미움이 따른다

　사람들이 자기보다 성공하고 똑똑한 인물에게 괜한 심술을 부린 사례는 아주 많다. 오래전 미국에서 로버트 허친스라는 사람이 시카고대학 총장에 취임했다. 그때도 여러 학자들과 교수들이 그의 총장 임명을 두고 비난의 말을 쏟아냈다. 첫 번째 이유는 허친스의 나이가 30살에 불과했기 때문이다. 그보다 나이가 훨씬 많은 교수들로서는 소외감과 질투심을 느낄 수밖에 없었다. 그리고 두 번째 이유는 허친스가 별 볼 일 없는 집안에서 자라났기 때문이다. 그는 집이 가난해 웨이터와 벌목 노동자, 가정교사 등의 일을 하며 힘겹게 예일대학을 졸업했다. 허친스의 피나는 노력은 그에 걸맞은 평가를 받지 못했다.

　그러자 허친스를 아끼는 사람들이 그의 아버지를 찾아가 위로했다. 그런데 사람들의 걱정과 달리 허친스 아버지의 표정은 너무나 담담했다. 그는 미소 띤 얼굴로 오히려 사람들을 달래며 인용한 문장을 이야기했다.

월리엄 셰익스피어(영국 극작가)

"하찮은 사람들은 위대한 사람들의 작은 결점에 손가락질하며 커다
란 즐거움을 느낀다."

080

데일카네기 가르침

이유 없는 손가락질은
열등감의 표현이다

1909년 4월 6일, 인류 최초로 북극에 도달한 탐험가 로버트 피어리의 일화다. 피어리는 북극 탐험에 나섰다가 숱한 고난에 맞닥뜨렸다. 극심한 추위와 굶주림 탓에 여러 차례 죽을 고비까지 넘겼다. 그럼에도 그는 절대로 포기하지 않아 3번의 도전 끝에 마침내 북극 극지에 도달했다. 그런데 피어리의 성공 소식이 알려지자 축하의 박수 못지않게 비난의 소리가 들려왔다. 피어리는 당시 미국 해군 소속이었는데, 그의 상관들이 얼토당토않은 트집을 잡으며 부패한 군인 취급을 했던 것이다.

그것은 피어리가 아무런 야망도 갖지 않았더라면 듣지 않았을 비난이었다. 달리 말하면, 그가 어느새 상관들에게마저 질투를 불러일으킬 만큼 중요한 인물이 되었다는 의미였다. 그때만 해도 북극 극지에 도달한다는 것은 누구도 섣불리 엄두내지 못할 대단한 업적이었으니까. 그럴 수 있다면, 나는 피어리를 비난한 사람들에게 인용한 문장을 큰 소리로 외쳐주고 싶다.

스메들리 버틀러(미국 해병대 장군)

"이제 나는 웬만한 비난쯤 별일 아닌 듯 웃어넘기는 성격으로 완전히 바뀌었습니다. 스스로 나를 돌이켜봤을 때 부끄러움이 없으면 그만이니까요. 누가 뭐라고 하든지 내가 정정당당하면 움츠러들 까닭이 없습니다."

081

타인의 평가에
흔들리지 마라

스메들리 버틀러 장군은 평생 직업 군인으로 살아온 남자다. 그는 '늙은 송곳눈'이나 '지옥의 악마'라는 별명으로 더 잘 알려져 있다. 나는 한 언론사의 부탁으로 버틀러와 인터뷰를 한 적이 있다. 그는 해병대 장군답게 목소리가 우렁차고 모든 행동에 절도가 있었다. 나는 그에게 젊은 시절에는 성격이 어땠는지 물었다. 그러면서 원래 타고난 성품이 그럴 것이라고 지레짐작했다. 하지만 버틀러의 대답은 나의 예상과 완전히 달랐다.

"나는 젊었을 때 소심한 성격이었습니다. 누가 나를 조금이라도 비난하면 밤잠을 못 이룰 만큼 속상해했어요. 그때 나는 모든 사람들에게 좋은 인상을 주고 싶었지요. 단 한 사람이라도 나를 못마땅해 할까 봐 말 한마디, 행동 하나까지 늘 신경 썼습니다."

그런 버틀러의 성격이 어떻게 달라졌을까? 그는 엄격한 해병대 생활을 하며 나약했던 성격을 스스로 강하게 단련시켰다. 힘든 훈련과 상급자들의 강압적인 태도를 오히려 변화의 계기로 삼았던 것이다.

에이브러햄 링컨(미국 제16대 대통령)

'내가 받는 무수한 공격에 신경 쓰느니 당장 대통령을 그만두고 다른 일을 하는 편이 낫다. 나는 지금처럼 묵묵히 나의 길을 가면 된다. 끝까지 최선을 다하는 것이 가장 중요하니까. 나는 다른 사람들의 비난에 일일이 반응하기보다 목표로 하는 일에 좋은 결과를 내기 위해 노력해야 한다. 내가 최선을 다해 바라는 결과를 얻지 못한다면, 천사들이 모두 나를 칭찬해도 대통령으로서 맡은 바 역할을 해내는 데 도움이 되지 않는다.'

082

부당한 평가는
웃어넘기면 그만이다

인용한 문장은 에이브러햄 링컨이 남긴 여러 기록물들 가운데 들어 있는 글이다. 제2차 세계 대전의 명장 더글러스 맥아더 장군은 이 글을 담은 액자를 자신의 책상에 항상 놓아두었다.

사실 사람들은 타인의 삶에 별 관심이 없다. 깊이 관심을 가져 자세히 알아보고 비난하는 것이 아니라 그냥 기분 내키는 대로 섣불리 자기의 감정을 쏟아내기 일쑤다. 사람들의 머릿속은 하루 종일 자기 자신에 대한 생각으로 가득 차 있다. 아마 내가 죽었다는 뉴스가 신문에 실려도, 나를 아는 대부분의 사람들은 오늘 저녁 식사로 먹을 메뉴에 더 관심을 기울일지 모른다. 그러니 다른 사람들이 나를 어떻게 평가할지 걱정하며 지나치게 마음을 쓸 까닭이 없는 것이다. 다른 사람들이 나에 대해 부당한 평가를 하는 것은 막을 수 없다. 하지만 그런 부당한 평가에 흔들리는 것은 나 자신에게 달린 문제다. 세상의 숱한 비난들 중 대부분은 그냥 별일 아닌 듯 웃어넘겨도 그만이다.

무명씨(미국 제32대 대통령 프랭클린 루스벨트의 누나)

"자기 마음속에서 옳다는 판단이 들면 다른 사람들이 이러쿵저러쿵 이야기하는 것에 절대 신경 쓰지 마. 어차피 영부인이라는 자리는 정치적으로 반대편에 있는 사람들한테 비난을 듣게 마련이니까. 그들은 무슨 일을 해도 자네를 곱게 바라보지 않을 거야."

083

내가 무슨 일을 해도
싫어하는 사람이 있다

나는 한 잡지에서 엘리너 루스벨트에 관한 이야기를 읽은 적이 있다. 그녀는 미국 제32대 대통령 프랭클린 루스벨트의 아내다. 예나 지금이나 대통령 못지않게 영부인도 정치적 경쟁자들에게 온갖 비난을 들어야 했다. 그녀는 크고 작은 비난에 시달리다가 평소 가깝게 지내는 남편의 누나를 찾아가 자문을 구했다.

"사실 나는 성격이 대범하지 못해요. 누구한테 조금이라도 싫은 소리를 들으면 오랫동안 신경이 쓰이지요. 이제 영부인으로서 이런저런 일을 해보고 싶은데, 또 어떤 비난을 듣게 될까 걱정스럽네요."

그러자 루스벨트 대통령의 누나가 그녀의 손을 잡으며 인용한 문장을 이야기했다. 그 조언에 엘리너 루스벨트는 큰 힘을 얻었다. 그날 이후 그녀는 영부인으로서 여러 가지 일들을 좀 더 과감하게 해 나갈 수 있었다. 루스벨트의 누나는 자신에게 쏟아지는 비난에 일일이 대응하는 것이 부질없다는 사실을 일찌감치 깨달은 사람이었다.

사울(이스라엘 민족의 초대 왕)

"나는 어리석었다. 참으로 많은 잘못을 저질렀다."

084

자신의 잘못을 기억해 성찰하라

사울 왕은 지금으로부터 무려 3천 년 전 사람이다. 까마득한 옛날이나 지금이나 인간은 일생을 살아가면서 참 많은 실수와 잘못을 범하는 듯하다. 물론 나 역시 다르지 않다.

나는 사무실에 아주 많은 분량의 서류들을 보관하고 있다. 그중에는 '내가 저지른 바보 같은 일들'이라는 제목의 서류철이 있다. 말 그대로, 부끄럽지만 내가 저지른 실수와 잘못들을 일일이 기록해놓은 것이다. 나는 틈날 때마다 그 서류철을 꺼내 보며 똑같은 실수와 잘못을 반복하지 않기 위해 자신을 돌아본다.

나는 젊은 시절에 어떤 일이 잘못되면 세상 탓, 남 탓을 하기 일쑤였다. 하지만 점점 나이가 들고 강연 활동을 하면서 그런 습관에 큰 문제가 있다는 것을 깨달았다. 그래서 '내가 저지른 바보 같은 일들'을 꼼꼼히 기록해두었다가 자기 성찰의 도구로 삼는 것이다. 나는 사울 왕에게서 반성하는 태도를 배웠다.

나폴레옹 보나파르트(프랑스 초대 대통령 · 제2제정 황제)

"내가 몰락한 책임은 순전히 나에게 있다."

085

비판을 듣기 전에
스스로 되돌아봐라

　자신의 삶을 스스로 반성하며 자기관리를 철저히 한 대표적인 인물이 벤저민 프랭클린이다. 그는 매일 밤 자신의 일과를 돌이켜보며 반성의 시간을 가졌다. 그의 반성 목록에는 시간 낭비를 하지 않았는지, 사소한 일에 흥분하지 않았는지, 쓸데없는 논쟁을 벌이지 않았는지 등 모두 13가지 항목이 들어 있었다.

　그는 누구보다 현명한 사람이었기에 그 결점들을 극복하지 못하면 자신의 삶이 더 이상 앞으로 나아갈 수 없다는 것을 깨달았다. 그래서 그는 매주 자신의 결점 중 하나를 선택해 일주일 동안 고집스럽게 바로잡으려고 노력했다. 그다음 주에는 또 다른 결점 하나를 반성의 링으로 불러내 글러브를 낀 권투 선수처럼 치열하게 맞서 싸웠다. 그와 같은 노력을 꾸준히 했기에 프랭클린은 오늘날까지 미국에서 존경받는 인물이 될 수 있었다. 누군가 자신을 비판하기 전에 스스로 실수와 잘못을 바로잡는 것이 최선이다.

라 로슈푸코(프랑스 작가)

"나를 비판하는 사람의 생각이, 스스로에 대한 나 자신의 생각보다
더 진실에 가깝다."

타당한 비판은
기꺼이 받아들여라

에이브러햄 링컨은 자신이 임명한 국방부 장관 에드워드 스탠튼에게 "대통령은 정말 바보 같군!"이라는 비난을 들었다. 링컨이 대통령으로서 국방부 업무에 자꾸만 간섭하자 벌어진 일이었다. 비록 비서를 통해 전해들은 이야기였지만, 스탠튼의 도를 넘은 말에 링컨은 해임 통보를 할 수도 있었다. 하지만 그는 그렇게 하지 않았다. "음, 내게 그런 비난을 들을 만한 구석이 있나 보군. 지금까지 스탠튼은 잘못된 판단을 한 적이 거의 없으니까 말이야."

그리고 링컨은 곧장 스탠튼을 찾아가 서로 다른 판단에 대해 의견을 나누었다. 스탠튼은 당당히 각종 자료를 제시하며 대통령의 지시가 잘못되었다는 주장을 굽히지 않았다. 그러자 놀랍게도 링컨은 고개를 끄덕이며 흔쾌히 국방부 장관의 의견을 따르기로 결심했다. 자신을 향한 스탠튼의 비판이 건설적이고, 진실하며, 객관적인 자료에 근거한 것이라고 생각했기 때문이다. 그는 타당한 이유가 있는 비판을 기꺼이 받아들일 줄 아는 인물이었다.

데일 카네기(미국 자기계발 강연자 · 작가)

"나를 비판하는 사람이 만약 내가 저지른 다른 잘못들을 전부 알았다면, 그는 지금보다 더 심하게 나를 욕할 것이 틀림없다."

087

슬기로운 사람은
비판을 통해 성장한다

누군가 나를 흉보는 소리를 들어도 자신을 방어하려고 안달하지 말자. 모든 바보들이 다 자신을 방어하려고 애쓰니까. 우리는 누군가 나를 비판하기 시작하면 그 의미를 제대로 이해하지도 않은 채 무작정 반발한다. 무조건 칭찬에 기뻐하고, 비판에는 화를 낸다. 어쩌면 인간의 이성은 폭풍이 휘몰아치는 캄캄한 감정의 바다에서 이리저리 흔들리는 작은 돛단배와 같은지 모른다. 하지만 그런 삶의 자세로는 결코 자신을 발전시킬 수 없다.

우리는 타인의 비판을 슬기롭게 받아들일 줄 아는 사람이 되어야 한다. 상대방의 비판을 겸손한 태도로 받아들여 자신을 반성하는 기회로 삼아야 한다. 그러면 나를 비판하는 상대방이 어리둥절해하며, 오히려 나를 존중하게 된다. 어차피 모든 인간은 완벽하지 않다. 누구나 실수하고 잘못을 저지른다. 그러니 누군가 그것을 비판하면 기꺼이 받아들여 반성하면 된다. 다른 사람들의 비판을 통해 나를 성장시키면 더 바랄 나위 없다.

월터 캐넌(미국 하버드대학 교수 · 생리학자)

"대부분의 사람들은 심장이 하루 종일 일한다고 생각한다. 사실 심장은 한 번 수축할 때마다 일정한 휴지기가 있다. 1분에 70번 박동한다고 하면, 심장은 24시간 중 단지 9시간만 일하는 셈이다. 전체적으로 보면 심장은 하루에 15시간을 쉬는 셈이다."

088

과로하면 걱정과
긴장이 밀려든다

몸의 균형을 파괴하는 피로는 육체뿐만 아니라 정신 건강에도 나쁜 영향을 끼친다. 정신의학과 의사들은 피로가 공포와 걱정이라는 감정에 대한 저항력까지 떨어뜨린다고 강조한다. 그러므로 가능한 한 피로를 줄여야 걱정을 예방할 수 있다고 조언한다.

그와 같은 피로의 위험성을 자주 이야기한 전문가들 중에 미국 시카고임상생리학연구소 소장으로 일했던 제이 콥슨 박사가 있다. 그는 일상생활에서 걱정과 긴장을 줄이는 방법에 관한 책을 2권이나 썼는데 그 제목이 '적극적 휴식'과 '당신은 쉬어야 한다'였다. 책 제목만 들어도 어떤 내용일지 감이 오지 않나?

콥슨은 자신의 책에서 걱정과 긴장을 없애려면 휴식을 통해 피로를 줄여야 한다고 주장했다. 바쁜 일과 속에서도 쉬는 시간을 충분히 가져야 심리 상태가 이완되고, 그래야만 걱정과 긴장이 고개를 내밀지 못한다고 말했다. 인간의 심장은 이미 그 사실을 알고 있다.

다니엘 조슬린(미국 의사)

"휴식은 그냥 아무것도 하지 않는 상태가 아니다. 휴식은 우리의 몸 과 정신을 치유하는 과정이다."

089

적절한 휴식이
에너지를 충전한다

윈스턴 처칠이 제2차 세계 대전을 지휘할 때의 나이가 60대 후반에서 70대 초반이었다. 그동안 처칠은 하루에 16시간씩 일하는 놀라운 체력을 보여주었다. 그 비결이 무엇이었을까? 다름 아닌 낮잠이었다. 그는 매일 점심 식사를 하고 나서 1시간씩, 오후 일과를 마치고 저녁 식사를 하기 전까지 2시간씩 낮잠을 즐겼다. 그렇게 자주 쉬었기 때문에 처칠은 열정적으로 수많은 보고서를 읽고, 여러 가지 중요한 결정을 내리고, 숱한 사람들과 회의를 할 수 있었다. 그는 낮잠을 통해 피로가 아예 싹을 틔우지 못하도록 했다.

처칠처럼 낮잠을 통해 피로를 줄인 인물은 또 있다. 바로 미국의 백만장자 석유 사업가 존 록펠러가 그랬다. 그는 매일 낮 30분씩 짧게 낮잠을 즐기는 습관이 있었다. 대개 사무실 소파에 누워 잠을 자고는 했는데, 그 시간에는 설령 대통령이 전화를 걸어도 깨울 수 없었다. 그는 사업에 승승장구하며 98살까지 장수했다.

에이브러햄 브릴(미국 정신과 의사)

"우리를 괴롭히는 피로의 대부분은 정신적인 것에서 온다. 단순히 육체적인 원인에서 오는 피로는 매우 드물다."

부정적인 감정을 다스려
피로를 없애라

영국 출신의 정신의학자 제임스 하드필드는 사람들이 피로를 느끼는 이유가 정신에 있다고 확신했다. 아울러 단순히 육체적인 원인으로 발생하는 피로는 드물다고 보았다. 사람들이 피로를 느끼는 이유는 거의 모두 정신 상태에서 나오는 감정적인 문제라고 주장한 것이다.

그럼 하드필드가 피로의 원인으로 지목한 감정은 구체적으로 어떤 것일까?

그것은 당연히 기쁨이나 만족감 같은 긍정적인 감정이 아니다. 걱정, 분노, 권태, 무기력, 소외감 같은 부정적인 감정이다. 그처럼 불안정한 정신이 발생시키는 감정들이 사람들에게 피로를 느끼게 한다는 말이다. 나아가 그것은 신체의 건강을 해치고 일의 능률을 떨어뜨린다. 부정적인 감정은 우리의 삶에 쓸데없는 긴장을 불러온다. 그와 같은 긴장을 제때 풀지 못하면 극심한 피로로 이어져 일상생활의 균형이 망가지게 된다. 불필요한 긴장을 없애야 피로를 줄이고, 그것이 곧 정신을 안정시켜 평화로운 일상을 누리게 한다.

무명씨(소설가 비치 바움이 어렸을 때 우연히 만났던 노인)

"네가 다치는 이유는 긴장을 푸는 방법을 몰라서 그렇단다. 낡아서 헐렁거리는 양말처럼 네 몸이 부드러워야 해. 나를 보렴, 어떻게 하는 지 보여줄게."

긴장한 몸과 정신을 이완시켜라

비치 바움은 어렸을 때 운동하다가 자주 넘어졌다. 그때마다 무릎이 까지고 손목을 다쳤다. 그러던 어느 날, 그녀가 운동하는 모습을 지켜보던 한 노인이 다가와 인용한 문장을 이야기했다. 그는 예전에 서커스단 광대였다.

유도 선수를 떠올려보면 이완이 얼마나 중요한지 알 수 있다. 유도 기술 중에는 낙법이 있는데, 그것은 상대방의 공격을 받아 넘어질 때 충격을 최소화하는 기술이다. 그런데 낙법을 잘하려면 긴장을 풀어 몸을 부드럽게 만들어야 한다. 그렇게 긴장을 풀어 몸을 이완시켜야만 바닥에 내던져져도 다치지 않는다. 그와 반대로 잔뜩 긴장해 몸이 딱딱해지면 실제로 받는 충격이 2~3배 늘어나게 된다. 정신의 이완도 유도의 낙법과 같은 원리다. 걱정, 분노, 권태, 무기력, 소외감 같은 감정을 없애면 몸이 그렇듯 정신이 부드러워져 긴장을 벗고 이완하게 된다. 그렇게 몸과 정신이 이완되어야 우리는 비로소 피로를 느끼지 않는다.

로즈 힐퍼딩(미국 의사)

"걱정을 줄이는 최고의 치료는 자신의 문제를 믿을 만한 사람에게 털
어놓는 것이다. 우리는 그것을 카타르시스라고 부른다. 걱정을 아무
에게도 이야기하지 않고 혼자 품고 있으면 정신적인 긴장을 야기한
다. 우리는 모두 우리의 문제를 다른 사람과 나누어야 한다. 세상에
나의 이야기를 들어주고 이해해줄 수 있는 사람이 있다고 느껴야 한
다."

솔직히 자신의
속내를 내보여라

내 비서는 자신의 걱정을 이야기한 후에 큰 위안을 얻은 한 여성을 목격했다. 그녀가 처음 말문을 열 때는 팽팽히 감아놓은 용수철같이 긴장해 있었다. 하지만 이야기를 계속할수록 조금씩 진정되기 시작했다. 그리고 인터뷰의 끝에 그녀는 마침내 웃고 있었다.

문제가 해결된 것일까? 아니다. 문제 해결은 그리 간단한 것이 아니다. 다만 누군가에게 사실을 털어놓고 조언을 얻자 점차 변화가 일어났다. 실제로 변화를 일으킨 것은 고백 속에 숨겨져 있던 엄청난 치유의 힘이었다. 지그문트 프로이트 이후 정신분석학자들은 환자가 사실을 털어놓는 것만으로도 내적 불안을 어느 정도 해소할 수 있다는 것을 알았다. 그 이유는 속내를 이야기하는 것만으로도 자신의 문제를 스스로 더 잘 이해할 수 있기 때문이다. 아무도 완벽한 해답을 가지고 있지는 않지만 다른 사람에게 '사실을 털어놓는 것', '마음속에서 무엇을 꺼내놓는 것'만으로도 즉각적인 위안이 되는 것이다.

알렉산더 포프(영국 시인)

'질서는 하늘의 제1법칙이다.'

093

데일카네기 가르침

질서를 찾으면
허둥대지 않는다

옆에 인용한 문장은 미국 국회도서관 천장에 쓰여 있는 글귀다. 선뜻 이해되지 않는 글인가? 하지만 앞서 내가 이야기한 질서의 의미를 생각한다면 하나도 어려울 것이 없다. 질서는 정치와 사업은 물론이고 아이들이 공부를 하는 데도 가장 중요한 법칙이 되어야 한다.

"책상 위에 잡다한 서류들을 늘어놓은 사람은 지금 당장 일하는 데 필요한 것만 남기고 깨끗이 치워야 합니다. 그래야만 자신의 업무를 쉽고 정확하게 처리하게 되지요. 이것이야말로 업무의 효율성을 높이는 첫 번째 방법입니다."

이것은 미국의 노스웨스턴철도 사장이었던 롤랜드 윌리엄스가 직원들에게 한 말이다. 이 글에서 서류를 책으로, 일이나 업무라는 단어를 공부로 바꾸면 여러분의 자녀들도 꼭 명심해야 할 내용이다. 사람들이 하는 대부분의 걱정은 해야 할 일이 많아서 생기는 것이 아니다. 일이나 공부를 하면서 걱정에 빠져드는 이유는 '질서'를 찾지 못하기 때문이다. 일이나 공부를 할 때 질서가 있으면 설령 그 양이 많더라도 허둥대지 않는다.

찰스 럭맨(미국 펩소던트컴퍼니 창업자)

"나는 아주 오래전부터 매일 새벽 5시에 일어난다. 그 무렵이 다른 어느 때보다 집중이 잘 되기 때문이다. 나는 그 시각부터 하루 동안 할 일을 하나씩 떠올리며 먼저 할 일과 나중 할 일을 차례대로 정리한다."

094

어떤 일이 가장 중요한지부터 파악하라

물론 찰스 럭맨만 인용한 문장과 같은 생활습관을 가졌던 것은 아니다. 미국 전역에서 체인 사업을 하고 있는 시티즈서비스컴퍼니 설립자 헨리 도허티는 급여를 아무리 많이 줘도 쉽게 찾을 수 없는 두 가지 능력이 있다고 말했다. 그 귀중한 능력의 첫 번째는 사고력이고, 두 번째는 일의 경중에 따라 일처리를 하는 능력이다.

미국에서 가장 성공한 보험 세일즈맨 중 하나인 프랭클린 베트거는 하루 계획을 세우는 데 새벽 5시까지 기다리지도 않았다. 그는 전날 밤에 다음날 보험 상품을 얼마나 팔지 목표를 세운 뒤, 만약 당일에 그것을 달성하지 못할 경우 판매하지 못한 양을 다음날에 그대로 추가했다. 나는 오랜 경험을 통해 경중에 따라 일을 처리하기가 말처럼 쉽지 않다는 것을 안다. 하지만 중요한 일부터 하나씩 먼저 해낸다는 계획이, 그냥 무턱대고 이것저것 일을 하는 편보다 훨씬 더 좋은 결과를 가져온다는 것은 분명한 사실이다.

데일 카네기(미국 자기계발 강연자 · 작가)

"문제가 생겼을 때, 어느 쪽으로든 결정을 내리는 데 필요한 자료를 충분히 갖고 있다면 그 자리에서 해결책을 찾아라. 결정을 뒤로 미루지 마라."

한 번에 한 가지씩
그 자리에서 처리하라

내 강좌의 수강생이던 하웰 씨는 US철강회사 이사회 멤버였다. 그 회사는 이사회가 열릴 때마다 아주 오래 시간을 끌었다. 안건은 많았지만, 실제로 해결 방안이 결정되는 것은 겨우 두세 건에 불과했다. 그 결과 이사회에 참석한 사람들은 검토해야 할 보고서를 한 보따리씩 집에 싸들고 가야만 했다.

그러던 어느 날, 하웰 씨는 고민 끝에 한 번에 한 가지씩만 의제를 처리하자고 이사회를 설득했다. 그리고 그 방식을 적용하자 놀랍게도 툭하면 뒤로 미루던 안건이 사라졌다. 물론 추가 자료가 필요하거나, 여러 사람의 의견이 엇갈리는 경우도 있었다. 하지만 한 번에 한 건씩만 의제를 처리하다 보니 시간이 좀 더 걸릴지언정 다음으로 미뤄지는 안건은 없었다. 결과는 놀라웠다. 회사의 일정표가 깨끗해졌다. 이사회 위원들은 더 이상 서류를 싸들고 집으로 돌아가지 않아도 되었다. 더 이상 미결 안건 때문에 걱정할 일이 없어졌다.

에드워드 손다이크(미국 콜롬비아대학 교수 · 심리학자)

"작업 능력의 감소를 가져오는 진짜 원인은 권태, 걱정, 절망, 분노 같은 감정이다."

096

감정을 잘 다스려야
업무 효율이 높아진다

혹시 당신은 정신노동자인가? 그렇다면 당신이 하는 일 자체가 당신을 피곤하게 하는 경우는 거의 없다. 오히려 일이 아닌 다른 이유로 당신은 피곤해진다. 지난주에 계속해서 업무가 원활하지 않았던 때를 생각해보라. 당신이 보낸 이메일에 회신은 없고, 이미 확정해두었던 약속은 취소되고, 여기저기서 예상치 못했던 문제가 터졌다. 한마디로, 그날은 모든 일이 꼬였다. 아무 일도 완벽하게 끝내지 못한 채 당신은 완전히 지쳐서 퇴근했다.

그런데 다음날은 모든 일이 순조롭게 진행되었다. 어제보다 10배 정도 업무 효율이 높았다고 해도 지나친 말이 아니다. 일이 꽤 많았는데도 저녁에는 산뜻한 기분으로 퇴근할 수 있었다. 당신이나 나나 그런 경험이 있을 것이다. 여기서 우리가 얻는 교훈은 무엇인가? 그것은 피로가 단지 일이 힘들어서가 아니라 권태, 걱정, 절망, 분노 같은 감정 때문에 생긴다는 사실이다.

뮤지컬 코미디 「쇼 보트」에서 주인공이 말한 대사

"자기가 좋아하는 일을 하는 사람이 가장 행복한 법이야!"

097

데일카네기 가르침

좋아하는 일,
재미있어 하는 일을 하라

권태는 육체적으로 힘들거나 무료해서만 찾아오는 것이 아니다. 심리학 박사 조셉 바맥이 말했듯, 육체의 고단함보다는 정신의 피로가 더 중요한 원인이다. 정신의 피로는 주로 자기가 하기 싫은 일을 억지로 할 때 생겨나게 된다.

바맥은 한 고등학교에 찾아가 학생들을 상대로 일부러 어렵고 따분한 내용을 강의했다. 학생들은 꾸벅꾸벅 졸거나 갑자기 두통을 호소했다. 바맥은 그 후 학생들을 상대로 간단한 건강 검진을 실시했다. 그러자 놀랍게도, 실제로 학생들의 신진대사에 문제가 나타난 것을 확인할 수 있었다.

그와 같은 현상은 자기가 하고 싶지 않은 일에 억지로 참여했기 때문에 나타난 것이다. 그처럼 인간은 하기 싫은 일을 할 때 권태를 느끼게 되고, 그것이 피로와 걱정으로 이어진다. 그렇다면 권태를 없애기 위해 어떻게 해야 할까? 말하나 마나 자기가 좋아하는 일, 재미있어 하는 일을 하는 것이다.

칼덴본(프랑스 라디오 진행자)

"사람들은 잠이 덜 깬 몸을 깨우기 위해 신체적 운동이 필요하다고 말한다. 그런데 내가 생각하기에는 신체적 운동 이상으로 중요한 것이 정신적·심리적 운동이다. 당신은 당신 자신에게 매일 아침마다 따뜻한 격려를 건네야 한다."

자기 자신을 격려해
용기를 북돋워라

옆에 인용한 문장은 라디오 진행자로 성공한 칼덴본이 한 이야기다. 그는 22살이었을 때 가축 수송선을 타고 대서양을 건넜다. 그리고 프랑스 파리에 정착하기 위해 온갖 고생을 감수했다. 그는 한때 프랑스어도 잘 모르면서 집집마다 찾아다니며 환등기 파는 일을 했다. 말하나 마나 그 일은 결코 쉽지 않았다. 그는 절망했다. 하지만 곧 용기를 되찾아 자신을 다독였다. 그는 아침마다 겨울을 들여다보며 다음과 같은 말을 되뇌었다.

"칼텐본, 기왕 이 일을 할 바에 재미있게 하는 게 어때? 매일 고객의 집을 찾아가 초인종을 누를 때마다 네가 스포트라이트를 받고 있는 배우라고 생각해봐. 호기심어린 눈으로 너를 쳐다보는 관객들이 있다고 생각해보라고. 네가 하는 일은 무대 위에서 배우들이 하는 연기만큼이나 재미있는 일이야. 그러니까 좀 더 열정적으로 나서 보자고."

그는 자신을 향한 격려를 통해 낯선 땅에서 살아갈 힘을 얻었다.

마르쿠스 아우렐리우스(로마 제국 제16대 황제)

"우리의 삶은 우리가 생각하는 대로 진행된다."

용기와 행복과 평화의 세계로 가려면

 하루 종일 자신을 격려하고 긍정적인 생각을 함으로써, 스스로 자기를 용기와 행복과 평화의 세계로 이끌 수 있다. 불만스럽고 서운한 것보다 자꾸 감사한 것을 떠올리면 마음이 날아갈 듯 가벼워져 노래를 부르고 싶어진다. 삐딱한 투정을 멈추고 올바른 생각을 하면 어떤 일이든 싫증이 덜 나게 마련이다.

 여러분의 직장 상사는 당신이 일에 더 빠져들어 회사에 많은 돈을 벌어다 주기를 원하겠지. 하지만 상사가 원하는 것은 잊도록 하자. 당신이 하는 일을 좋아하면 당신에게 어떤 이익이 있는지만 생각하자. 당신의 일을 스스로 좋아하면 행복의 양이 2배로 늘어난다는 것만 생각하자. 당신이 하루 중 절반 가까운 시간을 보내는 직장에서 행복을 못 찾는다면 어느 곳에서도 행복을 찾기 어렵다. 당신이 스스로 당신의 일을 즐거워하면 걱정이 사라지고 월급도 오를 것이다. 설령 그렇게 되지 않더라도, 적어도 피로가 줄어들 것은 틀림없다.

데이비드 굿리치(미국 굿리치컴퍼니 회장)

"즐겁게 일하라. 당신이 하는 일을 즐기면 오래 일할 수 있고, 그것이 전혀 일처럼 느껴지지 않을 것이다. 나아가 일을 하면서도 마치 즐거운 놀이를 하는 듯 유쾌할 것이다."

자신의 일을 찾고, 즐겨라

토머스 에디슨은 연구실에서 먹고 자며 하루에 18시간씩 일했다. 하지만 그것은 그에게 고생이 아니었다. 에디슨은 "나는 평생 단 하루도 일해 본 적이 없다. 연구실에서 하는 모든 것이 그저 재미있었으니까." 라고 말했다. 그러니 그의 성공이 당연하지 않겠나.

언젠가 찰스 슈와브는 "어떤 일이든 사람이 무한한 열정을 가지면 성공할 수 있다." 라고 말했다. 하지만 자기가 진정으로 하고 싶은 일이 무엇인지도 모르는데 어떻게 그 일에 열정을 가질 수 있겠는가. 듀폰 등에서 노무 관리 책임자로 일했던 에드나 커는 이렇게 말했다. "최고의 비극은 많은 젊은이들이 자신이 정말로 무엇을 하고 싶은지 모른다는 것입니다. 단지 일해서 월급만 받을 뿐 다른 어떤 것도 얻지 못하는 삶만큼 불행한 인생도 없지요." 라고. 그래서일까. 토머스 칼라일은 "자신의 일을 찾아낸 사람은 축복받은 사람이다. 더 이상 다른 축복을 바라지 마라." 라고까지 이야기했다.

100문장으로 읽는 데일 카네기 『자기관계론』

초판 인쇄 2024년 10월 10일
초판 발행 2024년 10월 15일

지은이 데일카네기
엮은이 콘텐츠랩
펴낸이 진수진
펴낸곳 혜민북스

주소 경기도 고양시 일산서구 대산로 53
출판등록 2013년 5월 30일 제2013-000078호
전화 031-911-3416
팩스 031-911-3417